실패하지 않는
창업 마인드

소상공인을 위한 성공하는 사업의 첫걸음
실패하지 않는 창업 마인드

초판 1쇄 인쇄 2025년 05월 09일
초판 1쇄 발행 2025년 05월 16일

지은이 김헌준
펴낸이 김헌준
편 집 류석균
디자인 전영진
펴낸곳 소금나무
　　　　주소 (07314) 서울시 영등포구 신길로 214, B 101-1호 ㈜시간팩토리
　　　　전화 02-720-9696 팩스 070-7756-2000
　　　　메일 sogeumnamu@naver.com
　　　　출판등록 제2025-000036호(2025.03.11)

ISBN 979-11-989090-3-9 13320

소금나무는 ㈜시간팩토리의 출판 브랜드입니다.

소상공인을 위한 성공하는 사업의 첫걸음

실패하지 않는 창업 마인드

김헌준 지음

소금나무

　소상공인 창업을 준비하면서 가장 많이 듣는 말은 '쉽지 않다'는 것입니다. 주변에서 들려오는 이야기도 그렇고, 각종 통계 자료를 보면 그 말이 틀리지 않음을 확인하게 됩니다. 현실의 벽은 높고, 수많은 도전과 시행착오가 기다리고 있습니다. 그럼에도 불구하고, 여전히 많은 사람들이 창업의 길을 택하는 이유는 무엇일까요?

　저는 카페24 창업센터를 운영하면서 수많은 소상공인들을 만나왔습니다. 그들과 함께 고민하고 문제를 해결해 나가면서 창업의 어려움과 기쁨을 직접 목격했습니다. 때로는 예상치 못한 난관에 부딪히기도 하고, 때로는 작은 성취에도 함께 기뻐했습니다. 이러한 경험을 통해 깨달은 것은 창업이 단순히 성공과 실패를 가르는 과정이 아니라, 소상공인으로서 성장하고 발전할 수 있는 기회라는 점입니다.

　이 책은 바로 그 경험을 바탕으로 만들어졌습니다. 창업을 결심한 많은 분들이 조금이라도 덜 헤매고, 좀 더 안정적으로 출발할 수 있도록 돕고 싶다는 마음에서 시작했습니다. 이 책에는 창업에 대한 현실적인 조언과 구체적인 전략이 담겨 있습니다. 창업을 꿈꾸지만 현실의 벽 앞에서 막막함을 느끼는 분들, 이미 창업을 했지만 예상치 못한 어려움에 부딪혀 있는 분들 모두에게 이 책이 작은 등불이 되기를 바랍니다.

소상공인 창업은 단순한 생계 수단이 아닌, 꿈을 실현하고자 하는 열정의 표현입니다. 하지만 그 길이 쉽지 않기에, 조금이라도 더 많은 정보를 갖고 준비해야 합니다. 실패하지 않기 위해서 우리는 현실을 직시해야 하고, 철저한 준비가 필요합니다.

이 책을 통해 창업의 본질을 명확히 하고, 단계별로 준비할 수 있는 방법을 함께 고민해 보길 바랍니다. 성공적인 창업을 위한 첫걸음, 그 여정에 이 책이 함께하길 기대해 봅니다.

김헌준

차례

CHAPTER 01

창업을 결심하기 전에 반드시 알아야 할 것

CHAPTER 02

사업 아이디어와 업종 선택

CHAPTER
06

창업을 위한
실행 단계

CHAPTER
07

예비 창업자를
위한 현실 조언

창업을
결심하기 전에
반드시
알아야 할 것

· · · · ·

01

창업을 하면
얻는 것과 잃는 것

· · · · · ·

자유와 책임이 동시에 따른다 ────────

창업을 하면 가장 먼저 느끼는 변화는 '자유'다. 근무 시간, 업무 방식,
사업 방향까지 본인이 직접 정할 수 있다. 누구의 지시를 받을 필요 없
이 원하는 대로 사업을 운영할 수 있으며, 자신의 브랜드를 만들어가는
과정에서 성취감도 느낄 수 있다.

그러나 자유가 커지는 만큼 책임도 커진다. 창업자는 모든 의사 결
정의 결과를 직접 감당해야 한다. 직원이 있더라도 최종적인 운영 책
임은 본인에게 있으며, 예상치 못한 문제가 발생하면 해결해야 할 사람
도 오직 창업자뿐이다.

음식점을 창업한 경우라면 주방에서 직원이 실수를 해도 그 책임은
결국 사장이 져야 한다. 메뉴 가격 설정, 원재료 관리, 고객 클레임 대
응, 홍보 전략까지 전반적인 경영 요소를 모두 책임져야 하므로 단순히

'내 사업을 한다'는 즐거움만으로 사업을 지속하기는 어렵다.

창업자는 직장인보다 훨씬 더 많은 결정을 내려야 한다. 오늘의 매출이 낮으면 왜 그런지 분석해야 하고, 원재료 가격이 오르면 메뉴 가격 조정을 고민해야 한다.

매출이 안정되기 전까지는 경제적인 부담도 커진다. 창업을 통해 자유를 얻을 수 있지만, 그만큼 막대한 책임감도 함께 따른다.

수익의 기회와 불확실성

창업의 매력 중 하나는 '무한한 수익의 가능성'이다. 직장인은 정해진 급여를 받지만, 창업자는 매출이 오르면 그만큼 더 큰 수익을 가져간다. 잘 운영된 가게나 브랜드는 꾸준한 수익을 보장하며, 사업을 확장하면서 더 큰 성장을 기대할 수도 있다.

하지만 수익은 창업 후 바로 안정적으로 발생하지 않는다. 대부분 창업자는 초기 6개월~1년 동안은 적자를 경험한다. 예상보다 고객 유입이 적거나 운영 비용이 많이 들 수 있으며, 매출이 꾸준히 증가하지 않을 수도 있다. 경기 불황이나 소비 트렌드 변화 등 외부 환경의 영향을 받을 가능성도 크다.

예를 들어 의류 매장을 창업한 경우 계절에 따라 매출이 크게 변동할 수 있다. 여름에는 옷이 잘 팔려도 겨울에는 판매량이 급감할 수 있으며, 경쟁업체가 동일 제품을 더 저렴한 가격에 판매하면 고객이 빠져나간다. 트렌드에 민감한 업종이라면 빠르게 변화하는 시장에 적응해야 하며, 그렇지 않으면 손해를 보게 마련이다.

수익이 일정하지 않다는 점도 고려해야 한다. 직장인은 매달 고정급을 받지만, 창업자는 한 달 동안 매출이 좋았다고 해서 다음 달에도 같은 매출을 보장할 수 없다. 따라서 창업을 준비할 때는 적어도 6개월에서 1년간 운영할 수 있는 예비 자금을 마련해 두는 것이 중요하다.

업무량과 삶의 균형 ─────────────────

창업자는 일반 직장인보다 훨씬 많은 시간을 사업에 투자해야 한다. 직원이 있다고 하더라도 최종적인 운영과 관리 책임은 창업자에게 있으며, 모든 과정을 직접 챙겨야 한다.

창업 초기에는 많은 창업자가 하루 12~14시간 이상 일을 한다. 가게 운영, 고객 응대, 마케팅, 재고 관리, 회계 처리까지 신경 써야 하는 일이 많다. 특히 외식업이나 리테일(최종 소비자에게 상품이나 서비스를 직접 판매하는 산업을 말한다. 쉽게 말해, 우리가 일상생활에서 흔히 접하는 소매업을 의미한다.) 업종은 주말과 공휴일에도 영업하는 경우가 많아 가족과 보내는 시간이나 창업자 개인적인 여유가 줄어든다.

사업이 어느 정도 안정되면 직원에게 일부 업무를 맡길 수도 있지만, 사업 초반에는 창업자가 모든 업무를 직접 처리해야 한다. 긴 노동 시간뿐만 아니라 심리적인 스트레스도 크다. 매출이 예상보다 낮거나 고객이 줄어들면 불안감이 커지며, 사업 운영에 대해 지속적으로 고민도 해야 한다.

창업은 '하고 싶은 일을 하면서 자유롭게 사는 것'처럼 보일 수 있지만, 현실은 매우 다르다. 창업 후에는 더욱 많은 업무를 해야 하고, 쉬는 날 없이 일해야 할 수도 있다.

따라서 창업하기 전에 이러한 현실적인 부분을 충분히 고려하고, 스스로 감당할 수 있는지 고민해야 한다.

핵심 정리

◎ 창업자는 사업 운영의 자유를 얻을 수 있지만, 모든 책임을 스스로 감당해야 한다.

◎ 높은 수익을 기대할 수 있지만, 매출이 불안정하고 리스크가 크므로 철저하게 준비한다.

◎ 업무량이 많고 개인 시간이 줄어들기 때문에 창업 초기에는 긴 노동 시간을 감수한다.

02

창업을 결심하기 전에
꼭 해야 할 고민

. . . . . .

나는 왜 창업을 하려는가?

창업을 결심하기 전에 먼저 해야 할 질문은 '나는 왜 창업을 하려는가?' 이다. 단순히 돈을 벌기 위해서인지, 경제적 독립을 원해서인지, 아니 면 자신만의 브랜드를 만들고 싶은 것인지 목표를 명확히 해야 한다.

많은 사람이 직장 생활이 힘들거나 더 많은 돈을 벌고 싶다는 이유 로 창업을 고려한다. 하지만 이런 막연한 이유만으로 창업하면 실패할 확률이 높다. 창업은 단순한 선택이 아니라 장기적인 도전이다. 힘든 순간이 찾아왔을 때 버틸 수 있는 원동력이 필요하며, 그 원동력은 명 확한 목표에서 나온다.

예를 들어 '맛있는 디저트를 만들고 싶다'는 막연한 생각만으로는 성 공하기 어렵다. 대신 '건강한 식재료를 사용해 차별화된 디저트를 제 공하고, 장기적으로는 프랜차이즈 사업으로 확장하고 싶다'처럼 구체적인 목표를 설정해야 한다. 창업의 목표가 분명할수록 실행 과정에서 흔들리지 않고 사업을 지속할 수 있다.

창업 동기가 '자유로운 삶'이라면 현실적인 부분을 고려해야 한다. 많은 사람이 창업하면 시간을 자유롭게 활용할 수 있을 것이라고 생각하지만, 창업 초기에는 오히려 더 많은 시간을 사업에 투자해야 한다. 운영이 안정되기 전까지는 개인적인 시간과 자유를 희생해야 한다. 따라서 창업을 결심하기 전에 내가 원하는 삶의 방식과 창업이 실제로 부합하는지 깊이 고민해야 한다.

내가 감당할 수 있는 리스크는 어디까지인가?

창업은 성공의 기회이기도 하지만, 동시에 큰 리스크를 감수해야 하는 도전이다. 사업을 시작하면 예상보다 매출이 낮거나 운영 비용이 계획보다 초과할 수 있으며, 예상치 못한 문제가 발생하기도 한다. 따라서 창업 전에 자신이 감당할 수 있는 리스크의 한계를 명확히 정해야 한다.

가장 먼저 재정적인 리스크를 고려해야 한다. 초기 투자 비용뿐만 아니라 최소 6개월~1년 동안 수익이 나지 않더라도 버틸 수 있는 예비 자금이 필요하다. 특히 임대료가 있는 오프라인 매장을 운영하려면 매달 고정 지출이 발생하기 때문에 초기 운영자금이 부족하면 빠르게 자금 압박을 받는다.

카페 창업의 경우에는 인테리어 비용, 기기 구입비, 재료비, 임대료,

마케팅 비용 등을 포함하면 수천만 원 이상의 초기 투자 비용에 들어갈 자금이 필요하다. 하지만 오픈 초기에 손님이 기대만큼 오지 않으면 지속적인 적자를 감수해야 한다. 추가 자금이 없다면 사업을 유지하기 어렵고, 초기 투자 비용을 회수하지 못한 채 폐업할 수도 있다.

심리적인 리스크도 고려해야 한다. 창업자는 단순히 '사장'이 아니라 '문제 해결자'가 되어야 한다. 고객의 불만을 처리하고, 예상치 못한 문제를 해결하며, 매출이 줄어들면 이유를 분석하고 대책을 세워야 한다. 이러한 과정에서 큰 스트레스를 받으며, 감당할 수 있는 스트레스 한계를 넘어서는 순간 사업 운영이 힘들어진다.

따라서 창업하기 전에 자신의 성격과 정신적 회복력을 점검하는 것이 중요하다. 감정 기복이 크거나 문제 해결보다 회피하려는 성향이 강한 사람이라면 창업보다 안정적인 직장 생활이 더 적합하다. 창업을 하면 모든 일이 본인의 책임이 되므로 문제 해결 능력과 스트레스 관리 능력을 키워야 한다.

선택한 업종과 내 역량이 맞는가?

창업 아이템을 정하기 전에 자신이 선택한 업종이 본인의 성향과 역량에 맞는지 점검해야 한다. 아무리 유망한 업종이라도 본인의 강점과 맞지 않으면 장기적으로 운영하기 어렵다.

사람을 대하는 것이 부담스러운 사람이 카페나 음식점을 운영한다면 고객 응대에서 스트레스를 받을 수밖에 없다. 반면, 온라인 마케팅이나 콘텐츠 제작에 강점이 있는 사람이라면 온라인 기반 사업이 적합하다.

창업할 업종에 대한 경험이 부족하다면 최소한의 실전 경험을 쌓아야 한다. 외식업을 창업하려면 직접 식당에서 근무하면서 운영 방식을 배우거나 관련 교육을 이수하는 것이 좋다. 업종에 대한 이해도가 높을수록 창업 후 시행착오를 줄일 수 있다.

'이 업종이 돈이 된다'는 이유만으로 창업을 결정하는 것은 매우 위험하다. 사업의 수익성도 중요하지만, 본인이 해당 업종에서 지속적으로 성장할 수 있는지 판단해야 한다. 단순히 '배달 음식 시장이 성장하고 있으니 배달 전문점을 해야겠다'라고 결정하는 것이 아니라, '나는 요리에 대한 열정이 있고, 지속해서 메뉴 개발을 할 의지가 있다'는 확신이 있어야 한다.

성공한 창업자들은 단순히 돈을 벌기 위해서가 아니라 본인이 잘할 수 있는 분야에서 경쟁력을 발휘한 경우가 많다. 따라서 창업 전에 본인의 역량과 창업할 업종이 얼마나 잘 맞는지 충분히 생각해야 한다.

핵심 정리

◎ '왜 창업을 하려는가?'라는 질문에 대한 명확한 답을 찾는다.

◎ 감당할 수 있는 재정적·심리적 리스크를 현실적으로 평가한다.

◎ 창업할 업종이 자신의 성향과 역량에 맞는지 철저히 점검한다.

03

창업자가
갖춰야 할 필수 자질

. . . . . .

창업의 두려움과 불안은 어디에서 오는가? ─────

많은 사람이 창업을 고민하지만 실제로 실행하지 못하는 가장 큰 이유
는 두려움과 불안이다. '내가 과연 창업해서 성공할 수 있을까?'라는 의
문은 누구나 가지게 된다. 창업을 한 번도 해본 적이 없는 사람이라면
더욱더 불확실성에 대한 걱정이 클 수밖에 없다.

경제적 부담은 창업 과정에서 가장 큰 두려움 요소이다. 창업에는
상당한 초기 비용이 들어가며 수익이 안정될 때까지 시간이 걸린다.
만약 사업이 실패하면 투자한 돈을 회수하지 못할 수도 있다. 창업 후
매출이 일정하지 않거나 초기 예상보다 운영 비용이 많이 들면 자금 압
박을 받는다.

실패에 대한 두려움도 크다. 주변에서 창업 후 실패한 사례를 접할
수록 창업에 대한 망설임이 커질 수밖에 없다. '혹시 나도 실패하면 어

떻게 하지?'라는 생각이 창업 결정을 미루게 만든다. 이 외에도 가족의 반대, 경험 부족, 사업 운영에 대한 막연한 부담감 등이 창업을 망설이게 하는 요소가 된다.

하지만 두려움과 불안은 누구나 가지는 감정이며, 이를 극복하지 않으면 창업 시도를 시작조차 할 수 없다. 성공적인 창업을 위해서는 이러한 걱정을 현실적으로 분석하고 하나씩 해결해 나가는 전략이 필요하다.

창업을 미루는 흔한 핑계들

창업을 고민하는 많은 사람이 '아직 준비가 덜 됐다'고 생각한다. 하지만 현실적으로 완벽한 준비 상태에서 창업을 시작하는 사람은 거의 없다. 오히려 지나치게 고민하다 보면 창업 타이밍을 놓치게 된다.

가장 흔한 핑계 중 하나가 '경험이 부족하다'는 것이다. 물론 경험이 있으면 창업이 수월할 수 있지만, 반드시 경험이 많아야만 성공하는 것은 아니다. 창업자 중에는 해당 업종의 경험이 전혀 없는 상태에서 시작해 성공한 사례도 많다. 중요한 것은 경험이 부족한 만큼 배우고 준비하는 자세다.

또 하나의 흔한 핑계는 '지금은 시기가 좋지 않다'는 생각이다. 경제가 어렵거나 시장 상황이 불안정하다는 이유로 창업을 미루는 경우가 많다. 하지만 경기 상황과 무관하게 성공하는 사업은 언제든지 존재한다. 중요한 것은 외부 환경을 이유로 창업을 미루는 것이 아닌, 그 환경

속에서 어떻게 살아남을지를 고민하는 것이다.

이 외에도 '자금이 부족하다', '아이디어가 완벽하지 않다'는 이유로 창업을 미룬다. 하지만 현실적으로 자금이 100% 완벽하게 준비되는 경우는 드물며, 아이디어 역시 창업을 실행하면서 보완해 나가는 과정이 필요하다.

두려움을 극복하고 창업을 실행하는 방법

창업의 두려움을 극복하는 가장 좋은 방법은 철저한 준비와 실행이다. 막연한 걱정에만 머무르지 않고, 현실적으로 실행할 수 있는 계획을 세우는 것이 중요하다.

첫째, 창업 전 작은 경험이라도 쌓아야 한다. 창업이 두려운 가장 큰 이유는 경험 부족에서 오기 때문에 실제로 경험을 해보면 막연한 두려움이 줄어든다. 카페 창업을 고민하는 사람이라면 단기적으로 카페 아르바이트를 해보거나 팝업스토어를 운영해 본다. 이런 경험은 창업의 현실을 이해하는 데 도움이 되며, 자신이 정말 이 업종에 맞는지 판단하는 기회가 된다.

둘째, 현실적인 창업 계획을 세우고 작은 목표부터 실행해야 한다. 처음부터 거창한 사업을 계획하기보다는 현실적으로 실행할 수 있는 단계별 목표를 설정하는 것이 중요하다. 예를 들어 온라인 쇼핑몰을 창업하고 싶다면 먼저 소규모로 제품을 판매하면서 시장 반응을 살펴야 한다.

셋째, 창업 멘토나 창업한 사람들의 경험을 듣는 것도 좋은 방법이다. 실제 창업을 경험한 사람들의 이야기를 들으면 창업의 현실을 보다 구체적으로 알 수 있으며, 시행착오를 줄이는 데 도움이 된다. 창업 관련 카페나 세미나, 온라인 커뮤니티에서 경험을 공유하는 사람들과 네트워크를 형성하는 것도 창업 계획을 세우는 데 도움이 된다.

넷째, 두려움에 집착하기보다는 실행하면서 배우려는 자세가 필요하다. 창업은 완벽한 준비를 마친 후 시작하는 것이 아니라 시작한 후 배우고 발전해 나가는 과정이다. 모든 리스크를 100% 제거할 수는 없지만, 실행하면서 문제를 해결하는 것이 창업자에게 필요한 기본 자세이다.

핵심 정리

◎ 창업의 두려움은 누구나 느끼는 감정이며, 이를 극복해야 실행할 수 있다.

◎ 경험 부족 등을 이유로 창업을 미루지 말고, 실행하면서 배운다는 자세가 필요하다.

◎ 창업 전 관련 업종에서 경험을 쌓고, 현실적인 목표를 세우며, 창업 멘토와 네트워크를 형성하는 것이 두려움을 극복하는 방법이다.

04

사업 경험이 없어도
창업이 가능할까?

· · · · · ·

사업 경험이 없어도 창업할 수 있을까? —————————

많은 예비 창업자가 가장 먼저 걱정하는 것이 '사업 경험이 없는데 창
업이 가능할까?'라는 점이다. 실제 많은 성공한 창업자들이 처음부터
사업 경험이 있었던 것은 아니다. 대부분은 창업을 하면서 배우고 시
행착오를 겪으며 성장했다.

그러나 사업 경험이 전혀 없는 상태에서 준비 없이 창업하면 실패
확률이 높아진다. 창업은 단순히 제품이나 서비스를 판매하는 것이 아
니라 자금 관리, 마케팅, 고객 관리, 운영 시스템 구축 등 복합적인 경
영 활동이 필요하기 때문이다. 따라서 사업 경험이 없어도 창업은 가
능하지만, 성공 가능성을 높이기 위해서는 반드시 필요한 창업 준비 과
정이 있다.

첫째, 창업하기 전에 해당 업종에서 실무 경험을 쌓아보는 것이 가

장 효과적인 방법이다. 예를 들어 카페 창업을 하려면 직접 카페에서 아르바이트를 해보면서 운영 방식을 익히는 것이 좋다. 고객 응대, 주문 시스템, 재료 관리 등 실제 운영과 관련된 경험을 해보면서 창업 후 시행착오를 줄인다.

둘째, 창업 관련 교육을 적극적으로 활용한다. 정부나 지자체에서 제공하는 창업 교육 프로그램이 많으며, 온라인에서도 다양한 창업 관련 강의를 무료 혹은 저렴한 비용으로 들을 수 있다. 특히 재무 관리, 마케팅, 법률 및 세무 관련 사항은 창업자가 반드시 알아야 할 내용이므로 미리 공부해 두는 것이 중요하다.

셋째, 전문가나 멘토의 조언을 받는다. 창업을 준비하면서 혼자 모든 것을 해결하려고 하면 시행착오가 많아질 수밖에 없다. 이미 창업을 경험한 선배 창업자나 전문가의 조언을 들으면 실무적인 팁을 얻을 수 있다. 창업 관련 카페, 창업 네트워크 모임, 온라인 커뮤니티 등에도 적극적으로 참여해서 창업 준비에 활용한다.

경험이 부족해도 성공하는 창업 방식

사업 경험이 부족하다면 리스크를 줄이는 방식으로 창업하는 것이 중요하다. 대표적인 방법으로 '소규모 테스트 창업'이 있다. 예를 들어 오프라인 음식점을 바로 오픈하기보다는 배달 전문점으로 시작해보거나 팝업스토어를 운영하면서 시장 반응을 보는 것이 효과적이다.

프랜차이즈 창업은 경험이 부족한 창업자에게는 좋은 선택이 될 수 있다. 프랜차이즈는 본사에서 운영 시스템과 교육을 제공하기 때문에 처음부터 모든 것을 혼자 준비하는 것보다 안정적으로 창업을 시작할 수 있다. 하지만 가맹비와 로열티 부담이 있으므로 신중하게 검토해야 한다.

사업 경험이 부족하면 공동 창업도 고려해 본다. 본인의 부족한 경험을 보완해 줄 수 있는 파트너와 함께 창업하면 리스크를 줄일 수 있다. 마케팅에 강점이 있는 사람과 재무 관리에 강점이 있는 사람이 함께 창업하면 서로의 부족한 부분을 보완할 수 있다.

핵심 정리

- 사업 경험이 없어도 창업은 가능하지만, 성공 확률을 높이기 위해 철저히 준비한다.
- 창업하려는 업종에서 경험을 쌓고 창업 교육을 활용하며 멘토의 조언을 받는다.
- 소규모 테스트 창업, 프랜차이즈 창업 등 리스크를 줄이는 방법을 고려한다.

05

창업을 망설이게 하는
요인과 극복 방법

. . . . . .

창업을 망설이게 만드는 요인들 ────────

많은 사람이 창업을 고민하지만 쉽게 실행하지 못하는 이유는 다양하다. 가장 대표적인 이유는 자금 부족, 실패에 대한 두려움, 경험 부족, 가족과 주변인의 반대 등이다. 창업을 준비하면서 이런 고민을 하지 않는 사람은 거의 없다. 하지만 이러한 장애물을 하나씩 해결하는 과정이 곧 창업 준비의 핵심이다.

자금 문제는 창업을 망설이게 만드는 가장 큰 요인이다. 창업에는 초기 투자 비용뿐만 아니라 사업이 안정될 때까지 운영자금이 필요하다. 계획보다 예상 매출이 늦게 발생할 수 있고, 예상하지 못한 지출이 생길 수도 있다.

실패에 대한 두려움도 창업을 늦추게 하는 주요 요인이다. 주변에서 창업 후 실패한 사례를 들으면 자연스럽게 불안감이 커진다. '내가 과연 성공할 수 있을까?'라는 의문이 들면서 창업을 미루게 된다. 많은 사람이 창업을 꿈꾸지만 실제로 실행하는 사람은 극소수다. 그 이유는 실패할 확률을 줄일 방법을 찾기보다는 실패 자체를 피하려 하기 때문이다.

경험이 부족하다는 점도 창업을 망설이게 만든다. 사업 운영 경험이 없으면 마케팅, 고객 관리, 자금 운용 등 모든 것이 부담스럽게 느껴질 수밖에 없다. 업종에 대한 기본적인 이해가 없거나 실무 경험이 없는 상태에서는 창업 후 시행착오가 많아질 가능성이 크다.

가족과 주변인의 반대도 창업을 미루는 요인이 된다. 특히 안정적인 직장을 다니고 있는 사람이라면 부모나 배우자가 창업을 반대하는 경우가 많다. '굳이 위험을 감수해야 하느냐?'는 현실적인 조언에 부딪히면 스스로 확신을 잃게 된다. 창업을 하면 생활이 불안정해질 수도 있고, 원만한 가정생활에 영향을 줄 수 있다는 점이 가족에게는 걱정으로 다가온다.

두려움을 줄이고 실행으로 옮기는 방법 ──────────

창업을 미루는 요인들을 극복하려면 철저한 준비가 필요하다. 무엇보다 불확실성을 줄이는 것이 핵심이다.

자금 부족 문제는 현실적인 계획을 통해 해결한다. 정부에서 제공하는 창업 지원금이나 저금리 창업 대출을 활용하면 초기 부담을 줄일 수 있다. 또한 무리하게 큰 규모로 창업하기보다는 적은 비용으로 시작해

점진적으로 확대하는 전략이 필요하다. 오프라인 매장을 열 계획이라면, 먼저 온라인에서 테스트 판매를 해보거나 소규모 팝업스토어를 운영하면서 시장 반응을 확인해 본다.

실패에 대한 두려움은 현실적인 목표 설정을 통해 완화할 수 있다. 창업을 하면서 실패를 완전히 피할 수는 없지만, 시행착오를 줄이는 것은 가능하다. 처음부터 완벽한 사업을 운영할 수는 없다는 점을 인정하고, 작은 성공을 쌓아가며 확신을 키우는 것이 중요하다. 실패를 하나의 과정으로 받아들이고, 문제 발생 시 해결책을 고민하는 것이 창업자의 기본 자세이다.

경험 부족은 사전에 실무 경험을 쌓음으로써 보완할 수 있다. 창업하려는 업종과 관련된 곳에서 직접 일해보는 것이 큰 도움이 된다. 외식업 창업을 계획한다면 식당에서 아르바이트를 해보고, 온라인 쇼핑몰을 운영하고 싶다면 SNS 마케팅을 실습해보는 것이 필요하다. 창업 전에 해당 업종에서 실전 경험을 쌓으면 시행착오를 줄이고 자신감을 높일 수 있다.

가족과 주변인의 반대를 설득하는 방법

가족과 주변인의 반대는 창업을 고민하는 과정에서 해결하기 어려운 문제 중 하나다. 특히 경제적 안정을 중요하게 여기는 가족 구성원들은 창업을 불안한 선택으로 인식할 가능성이 크다.

가족이 창업을 반대하는 이유는 대부분 불확실성 때문이므로 사업

계획이 명확하고 철저하다는 점을 보여줘야 한다. 창업 비용, 예상 매출, 운영 전략, 리스크 관리 방안을 정리하여 설명하면 반대 의견을 줄일 수 있다.

창업을 단계적으로 진행하는 것도 효과적인 방법이다. 직장을 다니면서 주말이나 퇴근 후 시간을 활용해 창업을 준비하면 경제적 안정성을 유지하면서도 창업 가능성을 실험할 수 있다. 온라인 창업을 계획하는 경우에는 먼저 SNS 마켓을 운영하거나 소규모로 제품을 판매해보는 것도 좋은 방법이다.

무엇보다 가족과 충분히 대화하는 것이 중요하다. 가족은 단순히 창업 자체를 반대하는 것이 아니라 창업자가 겪을 어려움을 걱정하는 경우가 많다. 감정적인 대응보다는 현실적인 대책과 준비 과정을 공유하면 가족의 신뢰를 얻을 수 있다.

핵심 정리

◎ 자금 부족 문제는 정부 지원금, 소규모 창업, 단계별 확장 등을 통해 해결한다.

◎ 경험 부족은 실전 경험을 쌓고, 창업 관련 교육을 활용하는 방법으로 보완한다.

◎ 가족과 주변인의 반대는 명확한 창업 계획을 제시하고, 단계적으로 창업을 진행하는 방식으로 해결한다.

06

창업 전 반드시
익혀야 할 기본 지식

. . . . . .

사업 운영의 기본 원리를 익히자 ─────

창업을 준비하는 사람 중 상당수가 사업 운영에 대한 경험이 부족하다. 단순히 좋은 아이템을 갖고 있다고 해서 성공할 수 있는 것이 아니다. 사업이란 제품이나 서비스를 제공하는 것뿐만 아니라 자금 관리, 마케팅, 고객 응대, 운영 시스템 구축 등 여러 가지 요소가 결합된 과정이다. 이를 제대로 이해하지 못하면 창업 후 예상치 못한 문제에 부딪혀 어려움을 겪는다.

많은 창업자가 '매출이 잘 나오면 사업이 성공한다'고 생각하지만, 매출보다 중요한 것이 이익과 현금흐름이다. 아무리 매출이 높아도 비용이 많이 들거나 운영비 부담이 크면 적자가 나게 된다. 손익분기점(BEP)을 계산하고, 운영비를 최소화하며, 자금의 흐름을 조절하는 방법을 알아야 한다.

고객을 이해하는 능력도 필요하다. 아무리 좋은 제품을 만들어도 고객이 원하지 않거나 제대로 전달되지 않으면 매출로 이어지지 않는다. 소비자가 어떤 문제를 겪고 있는지 파악하고, 그 문제를 해결할 수 있는 가치를 제공하는 것이 핵심이다.

실전 경험을 쌓아 창업 리스크를 줄이자 ───────────

앞서 언급했듯이 창업 전에 실전 경험을 쌓는 것은 매우 중요한 과정이다. 단순히 책을 읽거나 강의를 듣는 것만으로는 사업의 현실을 이해하기 어렵다. 가장 좋은 방법은 직접 해당 업종에서 일하면서 경험을 쌓는 것이다. 음식점을 창업하려는 경우에는 주방과 홀 업무를 모두 경험하면 실제 운영이 얼마나 힘든지 알게 된다. 이런 경험은 창업 후 시행착오를 줄이고 실질적인 문제를 예측하는 데 도움이 된다.

소규모 테스트를 통해 창업을 미리 경험해볼 수도 있다. 오프라인 매장을 열기 전에 온라인에서 제품을 판매해 보면서 고객 반응을 살펴본다. 이 과정에서 상품의 경쟁력, 고객의 반응, 예상되는 문제점을 미리 파악할 수 있다.

끊임없이 배우는 태도가 성공의 열쇠다 ───────────

창업 후에도 지속적으로 배우려는 자세가 필요하다. 사업 환경은 빠르게 변화하며 새로운 기술과 트렌드가 끊임없이 등장한다. 경쟁력을 유지하려면 최신 트렌드와 시장 변화를 따라잡아야 한다.

마케팅과 디지털 기술에 대한 이해는 필수적이다. 전통적인 광고 방식보다 SNS 활용, 온라인 마케팅, 고객 데이터 분석이 중요한 시대가 되었다. 이러한 변화에 적응하지 못하면 경쟁에서 뒤처질 수밖에 없다.

성공적인 창업자는 배우기를 멈추지 않는다. 책을 읽고, 강의를 듣고, 성공한 창업자들의 사례를 분석하며 끊임없이 노력해야 한다. 사업 환경이 변할 때마다 유연하게 대응할 수 있는 능력이 곧 경쟁력이다.

핵심 정리

◎ 창업 전에 사업 운영의 기본 원리(재무, 마케팅, 고객 관리 등)를 익힌다.

◎ 해당 업종에서 실무 경험을 쌓고 소규모 테스트를 통해 창업을 미리 경험한다.

◎ 창업 후에도 끊임없이 배우려는 태도가 성공의 핵심이다.

07

창업 후
가장 많이 하는 후회

• • • • • •

충분한 시장조사를 하지 않은 선택

창업 과정에서 많은 사람이 '이거 하면 잘 될 것 같아'라는 막연한 기대감으로 사업을 시작한다. 하지만 창업 후 많이 하는 후회 중 하나가 바로 충분한 시장조사를 하지 않았다는 점이다.

특정 아이템이 인기 있어 보여 남들 따라 창업했지만, 막상 시작하고 보니 경쟁이 너무 치열하거나 고객층이 기대만큼 형성되지 않는 경우가 많다. 음식점을 창업했는데 근처에 유사한 가게가 많아 경쟁이 심하거나, 온라인 쇼핑몰을 운영했지만 소비자가 이미 대기업 브랜드에 익숙해져 있어 매출이 기대에 못 미치는 상황이 발생한다.

시장조사를 소홀히 하면 현실적으로 사업을 유지할 수 있을지 판단할 수 없다. 단순히 유행을 따라가거나 주변에서 '이거 하면 돈 벌 수 있다'는 말만 믿고 창업하면 후회할 가능성이 크다. 창업 전에 반드시 소비자의 수요가 있는지, 경쟁업체는 얼마나 되는지, 내 사업의 차별화 요소가 무엇인지 철저하게 분석해야 한다.

자금 계획 없는 무리한 투자 ─────────

창업 후 하게 되는 후회 중 하나가 자금 계획을 철저하게 세우지 않았다는 점이다. 창업을 하면서 자금이 부족해 사업을 지속하지 못하는 경우가 많다.

초기 투자 비용을 과도하게 사용한 후에 예상보다 매출이 나오지 않아 운영자금이 바닥나는 경우가 대표적이다. 예를 들어 매장 인테리어에 지나치게 많은 돈을 투자해서 정작 광고나 마케팅 비용이 부족해 고객을 유치하지 못하는 상황이 생길 수 있다.

또한 운영비를 고려하지 않고 창업하면 예상보다 고정비(임대료, 인건비 등)가 많아 자금 압박이 심해진다. 창업 후 최소 6개월 이상 사업을 운영할 수 있는 자금을 확보해야 하며, 예상보다 추가 비용이 발생할 가능성을 항상 염두에 두고 있어야 한다.

운영 경험 부족으로 인한 시행착오 ─────────

창업을 하면 매출 관리, 고객 응대, 직원 채용, 마케팅, 세금 신고 등 다양한 업무를 처리해야 한다. 하지만 창업 전에 이러한 실전 경험을 쌓지 않으면 사업 운영에 어려움을 겪을 수밖에 없다.

당연한 이야기이지만 고객 관리와 마케팅을 소홀히 하면 매출이 예상보다 적게 나온다. 좋은 제품이나 서비스를 제공한다고 해서 자동으로 고객이 찾아오는 것은 아니다. 창업 후에는 고객과의 신뢰를 형성하고 꾸준히 홍보해야 하는데, 이를 준비하지 않은 창업자는 매출 부진으로 어려움을 겪는다.

직원 관리도 중요한 요소다. 직원이 자주 퇴사하거나 적절한 업무 분배가 이루어지지 않으면 사업 운영이 힘들어진다. 인력 운영을 계획하지 않고 창업하면 예상치 못한 문제들이 계속해서 발생하게 된다.

이러한 시행착오를 줄이기 위해서는 창업 전에 해당 업종에서 경험을 쌓거나 전문가의 조언을 듣는 것이 필수적이다. 성공한 창업자들의 사례를 분석하고, 현실적인 창업 교육을 활용하여 시행착오를 최소화해야 한다.

사업을 성급하게 시작한 후회 ─────────────

'조금만 더 준비하고 시작할걸'이라고 창업 후 많은 사람이 이렇게 후회한다. 창업을 너무 성급하게 시작하면 필연적으로 시행착오를 겪을 수밖에 없다.

준비되지 않은 상태에서 창업하면 예상보다 많은 문제가 발생하고, 이를 해결하는 과정에서 불필요한 비용과 시간이 낭비된다. 차라리 준비 기간을 충분히 가지면서 운영 계획을 세우는 것이 더 효율적이다.

단, 창업을 무조건 미루는 것도 좋은 선택은 아니다. 일정한 계획을 세우고 준비한 후, 적절한 시점이 왔다고 판단되면 과감하게 실행해야 한다. 하지만 기본적인 시장조사와 운영 계획, 자금 조달 방안은 명확하게 마련해야 한다.

핵심 정리

◎ 창업자들이 가장 후회하는 것은 시장조사를 철저히 하지 않은 점이다.

◎ 초기 자금 계획이 부족하면 사업 운영이 어려워진다.

◎ 창업 전에 사업 운영의 기본을 익히는 것이 중요하다.

◎ 사업을 성급하게 시작하면 시행착오가 많아지고, 불필요한 시간과 비용이 낭비된다.

08

창업의 성공 확률과
현실적인 생존율

· · · · · ·

창업 생존율이 낮은 이유

창업의 성공 확률이 얼마나 될까? 많은 사람이 창업하면 돈을 벌 수 있을 거라 기대하지만, 현실은 그렇지 않다. 통계에 따르면 신규 창업자의 절반 이상이 3년 안에 사업을 접는다. 5년을 버티는 사업장은 30%도 되지 않는다.

이렇게 창업 생존율이 낮은 가장 큰 이유는 철저한 준비 없이 창업하기 때문이다. 시장조사, 사업 계획, 운영 전략 없이 성공할 것이라는 막연한 기대감으로 사업을 시작하면 현실적인 어려움에 부딪혔을 때 버티기가 어렵다.

초기 자금 관리 실패도 중요한 원인이다. 많은 창업자가 '어떻게든 되겠지'라는 생각으로 창업하지만, 예상보다 비용이 더 들어가고 매출이 기대만큼 나오지 않으면 운영이 어려워진다. 특히 창업 초기에는 매출이 안정적으로 발생하지 않기 때문에 자금 흐름을 철저히 관리하지 않으면 몇 달 만에 문을 닫게 된다.

성공 확률을 높이는 방법 ─────────────

그렇다면 창업의 성공 확률을 높이려면 어떻게 해야 할까? 무엇보다 중요한 것은 사업의 본질을 이해하는 것이다. 창업은 단순히 가게를 여는 것이 아니라 수익 창출 구조를 만드는 과정이다.

첫째, 시장 검증을 철저히 한다. 단순히 '이 아이템이 괜찮을 것 같다'라는 감으로 창업을 하면 안 된다. 소비자의 실제 반응을 확인하고, 충분한 수요가 있는지 검증하는 과정이 필요하다. 온라인 쇼핑몰을 창업하려면 먼저 소규모로 제품을 판매해 보면서 고객 반응을 살펴보고, 오프라인 매장을 열려면 해당 지역의 유동 인구, 경쟁업체 상황을 분석해야 한다.

둘째, 비용을 최소화하면서 운영을 시작한다. 초기 투자 비용이 과도하면 사업이 자리 잡기도 전에 자금이 고갈된다. 소자본 창업이라 하더라도 예상보다 추가 비용이 발생할 가능성을 고려해야 한다.

셋째, 탄탄한 고객 기반을 만든다. 경쟁이 치열한 시장에서 살아남으려면 단순히 '좋은 제품과 서비스'를 제공하는 것만으로는 부족하다. 고객이 왜 내 제품과 서비스를 선택해야 하는지 명확한 이유를 만들어야 한다.

성공한 창업자들은 무엇이 다를까? ─────────

성공한 창업자들은 배우는 것을 멈추지 않는다는 공통점이 있다. 창업 후에도 시장 변화에 맞춰 끊임없이 전략을 수정하고 새로운 기회를 찾는다.

위기를 극복하는 능력도 뛰어나다. 창업하면 예상치 못한 문제들이 계속해서 발생한다. 이런 문제를 해결하고 다시 성장할 수 있는 유연한 사고방식과 실행력이 필요하다.

성공한 창업자들은 인내심 역시 강하다. 창업 초기에는 힘든 시기가 필연적으로 찾아온다. 이때 빠르게 포기하는 사람은 실패로 끝나지만, 꾸준히 개선하고 노력하는 사람은 결국 살아남는다.

핵심 정리 ─────────

◎ 창업 후 3년 내 폐업하는 비율이 높으므로 철저한 준비가 필요하다.

◎ 성공 확률을 높이려면 시장 검증, 비용 절감, 고객 기반 확보가 필수적이다.

◎ 끊임없이 배우고, 문제 해결 능력을 키우면서 인내심을 갖고 사업을 지속한다.

09

창업을 위한
최적의 시기는 언제일까?

. . . . . .

완벽한 타이밍을 기다리는 것은 위험하다

많은 사람이 창업을 결심하면서도 막상 망설이는 이유 중 하나는 '지금 이 과연 적절한 시기일까?'라는 고민 때문이다. 적절한 창업 시기를 판단하는 것은 중요하지만, 완벽한 타이밍을 기다리는 것은 오히려 창업을 망치는 요인이 된다.

창업을 미루는 가장 흔한 이유는 '아직 준비가 부족하다', '더 경험을 쌓고 시작해야 한다', '시장 상황이 안정될 때까지 기다려야 한다'는 생각이다. 하지만 창업을 해본 사람들은 알고 있다. 완벽하게 준비된 상태에서 창업할 수 있는 경우는 거의 없다는 것을.

시장 환경은 끊임없이 변하기 때문에 어느 시점이든 불확실성은 존재한다. 특히 기술의 발전, 소비자 트렌드 변화, 경쟁업체의 등장 등은 예측하기 어렵다. 따라서 창업의 적절한 타이밍은 완벽하게 준비될 때가 아니다. 창업은 준비가 어느 정도 되었을 때 실행하는 것이 중요하다.

창업을 시작하기 좋은 조건

그렇다면 언제 창업을 시작하는 것이 가장 좋을까? 완벽한 시기는 없지만, 몇 가지 핵심 조건이 충족된다면 창업을 실행할 준비가 된 것이다.

❶ 사업 아이템과 시장조사가 충분히 이루어졌는가?

창업하기 전에 사업 아이템이 충분히 검증되었는지 확인해야 한다. 단순히 '돈이 될 것 같다'는 직감만으로 창업하면 실패 확률이 높아진다. 시장조사를 통해 소비자 수요가 충분한지, 경쟁이 얼마나 치열한지를 분석해야 한다.

❷ 자금 계획이 마련되었는가?

창업 초기에는 매출이 바로 나오지 않을 가능성이 크기 때문에 일정 기간 사업을 운영할 수 있는 자금을 확보해야 한다.

❸ 창업을 위한 실행력이 있는가?

많은 사람이 창업을 고민하면서도 실제로 실행하지 못하는 이유는 '생각은 많지만 행동이 부족하기' 때문이다. 창업은 계획만으로 이루어지는 것이 아니라 실질적인 실행력이 필요하다.

창업을 미루지 말아야 하는 이유

많은 창업자가 창업을 망설이다가 결국 기회를 놓친다. 시장은 끊임없이 변하기 때문에 지금 적절한 사업 아이템이 몇 년 후에도 유효할 것이라는 보장은 없다.

창업의 핵심은 실전에서 배우는 것이다. 사업을 직접 운영하면서 얻는 경험은 책이나 강의에서 배우는 것과 차원이 다르다. 준비가 완벽할 때까지 기다리는 것보다 적절한 시점에서 실행하면서 배우는 것이 더 중요하다.

사업 아이템 검증, 자금 계획, 실행력이 어느 정도 준비되었다면 과감하게 도전하자. 창업의 성공은 타이밍이 아니라 얼마나 준비된 상태에서 실행하는가에 달려 있다.

핵심 정리

◎ 완벽한 창업 타이밍을 기다리는 것은 비효율적이다.

◎ 창업을 시작하기 좋은 조건은 시장조사 완료, 자금 계획 확보, 실행력 보유이다.

◎ 창업은 실전에서 배우는 과정이며, 지나치게 미루는 것은 기회를 놓치는 것과 같다.

10

지금 창업해도 괜찮을까?
내 상황 점검하기

. . . . . .

현재 자금 상태를 객관적으로 평가하기 ───

창업을 시작하기 전에 먼저 점검해야 할 것은 자금 상태다. 창업 후 일
정 기간 매출이 나오지 않을 수도 있으므로 최소 6개월에서 1년간 운
영할 수 있는 자금이 확보되어 있는지 확인해야 한다.

사업 초기에는 예상치 못한 비용이 발생할 가능성이 크다. 예를 들
어 점포 임대 계약 시 보증금과 권리금, 시설 공사 비용이 추가로 들 수
있으며, 온라인 쇼핑몰이라면 초기 마케팅 비용이 예상보다 많이 발생
할 수 있다. 따라서 창업 전 필수 비용과 예비 비용을 명확하게 구분해
서 현실적인 예산을 세워야 한다.

불필요한 지출을 줄이기 위해서는 초기 자금의 10~20%는 반드시
긴급 상황을 대비한 '비상자금'으로 확보해 둔다.

사업 아이템과 시장성을 충분히 검증했는가?

사업 아이템이 명확하지 않거나 시장성이 불확실한 상태에서 창업하면 실패할 가능성이 크다. '이 아이템은 돈이 될 것 같다'는 막연한 기대감만으로 창업을 하면 안 된다.

먼저 고객이 실제로 원하는 제품이나 서비스를 제공할 수 있는지 점검해야 한다. 고객의 문제를 해결해주고 차별화된 가치를 제공할 수 있는 사업 아이템인지 고민하자. 경쟁업체가 이미 많은 시장이라면 어떻게 차별화할 것인지도 명확해야 한다.

시장성 검증을 위해 사전 조사를 진행하는 것도 중요하다. 소규모로 제품을 판매해 보거나 잠재 고객을 대상으로 설문조사를 진행해 고객 반응을 확인하는 과정을 거치면 보다 객관적으로 시장성을 평가할 수 있다.

창업할 업종이 본인의 성향과 적성에 맞는지도 점검하고, 사업을 운영하면서 겪게 될 어려움을 감내할 수 있는 업종인지 고민해야 한다.

창업을 위한 실행력이 준비되었는가?

창업을 고민하지만 실행하지 못하는 이유는 '완벽한 준비'를 기다리기 때문이다. 하지만 완벽한 준비는 불가능하며, 실행하면서 배우는 것이 창업의 본질이다. 그렇다면 실행력을 높이기 위해 무엇을 준비해야 할까?

❶ 사업 계획서 작성

사업의 방향성과 목표, 운영 계획을 문서로 정리하여 실행 과정에서 시행착오를 줄인다.

❷ 초기 테스트 진행

작은 규모로 시장 테스트를 진행하면서 고객 반응을 확인하고 보완할 부분을 찾는다.

❸ 필요한 네트워크 구축

같은 업종의 창업자들과 교류하거나 전문가의 조언을 받으며 창업을 준비한다.

창업을 준비하는 과정에서 두려움이나 불안감이 생기기 마련이다. 하지만 준비만 계속하다 보면 창업할 적기를 놓친다. 어느 정도 준비가 되었다면 시장 테스트를 거쳐 실행해 보는 것이 중요하다.

핵심 정리

◎ 현재 자금 상태를 점검하고, 최소 6개월~1년 동안 운영할 수 있는지 확인한다.

◎ 사업 아이템과 시장성을 검증하고, 고객이 원하는 가치를 제공할 수 있는지 분석한다.

◎ 사업 계획을 문서로 정리하고, 소규모 테스트를 통해 창업을 현실적으로 준비한다.

사업 아이디어와
업종 선택

. . . . .

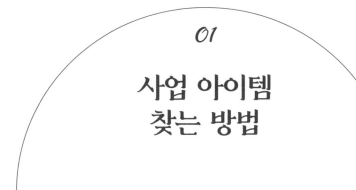

01

사업 아이템
찾는 방법

. . . . . .

나만의 강점을 사업으로 연결하기 ───────

좋은 사업 아이템을 찾는 첫 번째 기준은 내가 잘할 수 있는 것과 시장이 원하는 것을 연결하는 것이다. 단순히 돈이 될 것 같다고 생각해서 시작하는 창업은 성공 확률이 낮다. 자신의 강점, 경험, 기술, 관심사를 기반으로 한 사업이 장기적으로 경쟁력을 가질 가능성이 크다.

예를 들어 요리에 관심이 많고 오랫동안 해당 업종에서 관련된 일을 해온 사람이 음식점을 창업하면 메뉴 개발과 운영에서 차별점을 만들 수 있다. 반면, 요리에 대한 경험이 전혀 없는 사람이 단순히 트렌드를 따라 음식점을 오픈하면 운영 과정에서 시행착오가 많을 수밖에 없다.

따라서 창업을 고민할 때는 자신이 가진 강점과 경험을 분석하고, 이를 사업으로 연결할 방법을 찾는 것이 중요하다. 이를 통해 자신만의 차별화된 경쟁력을 갖춘 창업 아이템을 도출할 수 있다.

❶ 내가 오랫동안 경험한 분야는 무엇인가?

❷ 남들보다 더 잘할 수 있는 것이 무엇인가?

❸ 특정 분야의 문제를 해결하는 능력이 있는가?

❹ 사람들이 내게 자주 도움을 요청하는 분야가 있는가?

　이러한 질문을 통해 본인의 강점과 시장의 니즈가 만나는 접점을 찾아야 한다.

유행을 따를 것인가, 차별화를 할 것인가?

사업 아이템을 선정할 때 흔히 하는 실수가 단순히 유행을 따라가는 것이다. 한때 버블티, 안동찜닭, 탕후루 등 특정 아이템이 크게 유행했지만, 시간이 지나면서 포화 상태가 되고 경쟁이 심해지면서 많은 가게가 문을 닫았다.

　유행을 따라가려면 빠르게 진입해서 유행이 사라지기 전에 수익을 극대화해야 한다. 하지만 일반적으로 창업자는 대기업보다 실행 속도가 느리기 때문에 유행이 끝나갈 무렵 진입하는 경우가 대부분이다. 따라서 유행을 따르기보다는 장기적으로 살아남을 수 있는 차별화된 아이템을 고민해야 한다.

- 경쟁이 치열한 시장에서는 내가 제공할 수 있는 차별화 요소가 무엇인지 고민해야 한다.

- 소비자가 쉽게 접근할 수 있는 제품이라면 서비스나 운영 방식에서 차별화하는 것이 가능해야 한다.
- 브랜드 스토리, 고객 경험, 운영 방식 등에서 차별화된 가치를 제공해야 한다.

예를 들어 일반적인 카페는 수없이 많지만 특정 고객층을 겨냥한 콘셉트 카페(반려견 동반 가능 카페, 북카페, 친환경 카페 등)는 차별화된 경쟁력을 가질 수 있다. 단순한 음료 판매가 아니라 고객에게 새로운 경험을 제공하는 방식으로 차별화하는 것이다.

실패하는 아이템의 특징

좋은 사업 아이템을 찾는 것만큼 피해야 할 사업 아이템을 아는 것이 중요하다. 실패하는 아이템에는 몇 가지 공통적인 특징이 있다.

❶ 시장 수요가 부족한 아이템
창업자가 보기에는 좋은 아이템일지 몰라도 고객이 필요로 하지 않는다면 실패할 가능성이 크다.

❷ 진입 장벽이 낮아 누구나 쉽게 시작할 수 있는 아이템
이런 경우 동일 업종 업체와 경쟁이 너무 심하고 가격 경쟁에 휘말려 수익성이 낮아진다.

❸ 운영이 지나치게 복잡하거나 인건비, 원가 부담이 높은 아이템

처음부터 운영이 복잡한 사업을 선택하면 창업 후 스트레스가 커지고 유지하기 어렵다.

❹ 수익 구조가 불확실한 아이템

사업을 시작하기 전에 어떻게 돈을 벌 것인지 명확한 계획이 없다면 운영이 어렵다. 단순히 '사람들이 많이 올 것 같다'는 생각만으로는 지속 가능한 수익을 만들기 어렵다.

 사업 아이템을 결정하기 전에 이 아이템이 실제로 수익성이 있는지, 지속 가능한 사업이 될 수 있는지 철저히 분석해야 한다.

핵심 정리

◎ 좋은 사업 아이템은 내가 잘하는 것과 시장이 원하는 것이 만나는 지점에서 찾는다.

◎ 유행을 따라가기보다는 차별화된 요소를 고민하는 것이 중요하다.

◎ 시장 수요가 부족하거나, 경쟁이 과열되었거나, 수익 구조가 불확실한 아이템은 피한다.

02

나의 강점을
사업으로 연결하는 전략

· · · · · ·

강점을 살린 창업이 성공 확률이 높은 이유 ————

창업을 할 때 중요하게 고려해야 할 점 중 하나가 자신의 강점을 사업과 어떻게 연결할 것인가이다. 단지 돈을 벌기 위한 아이템을 찾는 것이 아니라 내가 잘할 수 있는 분야에서 경쟁력을 갖추는 것이 중요하다. 내가 잘할 수 있는 분야와 소비자의 니즈가 만나는 지점을 찾는 것이 창업 아이템의 시작점이 된다.

자신의 강점을 살려 창업하면 장기적으로 사업을 지속할 가능성이 커진다. 단순히 돈이 될 것 같아서 시작하는 창업은 시장 변동에 따라 쉽게 흔들릴 수 있지만, 자신의 전문성과 경험이 기반이 된 창업은 지속 가능성이 크다.

첫째, 업무 숙련도가 빠르게 올라간다. 경험이 있는 분야에서 창업하면 시행착오를 줄일 수 있고, 보다 빠르게 안정적인 운영이 가능하다. 예를 들어 요식업 관련 경험이 있는 사람이 음식점을 차리는 것이 전혀 경험이 없는 사람이 유행만 따라 음식점을 여는 것보다 훨씬 성공 확률이 높다.

둘째, 문제가 생겼을 때 해결 능력이 높아진다. 창업을 하면 예상하지 못한 문제가 발생하기 마련이다. 하지만 본인이 잘 아는 분야에서 사업을 하면 문제 해결 방법을 더 쉽게 찾을 수 있다.

셋째, 차별화 포인트를 만들기 쉽다. 내 강점을 기반으로 사업을 하면 경쟁업체와 차별화할 수 있는 요소를 찾기가 훨씬 수월하다. 같은 업종이라도 자신만의 강점을 녹인 제품이나 서비스를 제공하면 고객의 신뢰를 얻기 쉬워진다.

강점을 사업화하는 현실적인 방법

자신의 강점을 사업 아이템으로 연결하기 위해서는 시장 수요와의 접점을 찾아야 한다. 아무리 본인이 잘하는 분야라도 소비자가 원하는 것이 아니라면 사업으로 연결하기 어렵다.

❶ 고객이 어떤 문제를 겪고 있는지 파악한다.
❷ 내 강점을 활용해 그 문제를 해결할 수 있는지 분석한다.
❸ 경쟁업체와 차별화할 수 있는 요소가 무엇인지 고민한다.

예를 들어 디자인에 강점이 있는 사람이라면 단순히 디자인 작업을 하는 것이 아니라 소상공인을 위한 맞춤형 브랜딩 컨설팅을 함께 제공하는 방식으로 차별화할 수 있다.

이처럼 자신의 능력과 시장 수요를 연결하는 방식을 고민하면서 사업 아이디어를 구체화하면 보다 안정적이고 지속 가능한 창업이 가능해진다.

핵심 정리

◎ 창업은 자신의 강점을 파악하는 것이 중요하다.

◎ 경험이 있는 분야에서 창업하면 시행착오를 줄이고 성공 확률을 높일 수 있다.

◎ 강점을 사업화하려면 고객의 문제를 해결하는 방향으로 접근한다.

03

유행을 따라야 할까?
차별화를 해야 할까?

· · · · · ·

유행을 따르면 진입은 쉽지만 지속 가능성이 적다 ———

유행하는 사업 아이템을 선택하면 빠르게 시장에 진입할 수 있다. 이미 소비자의 관심이 높은 분야이기 때문에 초기 마케팅 비용이 적게 들고, 성공한 사례를 참고해 창업 전략을 세울 수도 있다.

하지만 유행은 항상 변하기 마련이다. 특정 시기에 급성장한 사업이라도 시장이 포화 상태가 되거나 새로운 트렌드가 등장하면 수요가 급감한다. 한때 대유행했던 탕후루나 마카롱 가게가 우후죽순 생겼지만, 몇 년 지나자 생존한 매장이 크게 줄었다. 유행이 끝난 후에도 살아남을 수 있는 전략이 없으면 사업을 오래 유지하기 어렵다.

유행을 따라 창업을 하려고 한다면 트렌드가 지나가도 지속 가능한 사업 구조를 마련해야 한다. 이를 위해서는 유행을 기반으로 하되, 소비자의 지속적인 수요를 유지할 수 있는 요소를 추가하는 것이 중요하다.

차별화가 없다면 경쟁에서 살아남기 어렵다 ───────

경쟁이 치열한 시장에서 살아남으려면 차별화 요소가 반드시 필요하다. 같은 아이템이라도 소비자가 특별한 이유로 선택할 수 있도록 차별화 전략을 마련해야 한다.

커피 전문점 시장이 포화 상태였을 때도 반려동물과 함께 방문할 수 있는 카페, 지역 특산물을 활용한 프리미엄 커피 브랜드는 차별화를 통해 새로운 시장을 형성했다. 단순히 카페를 여는 것이 아니라 특정 고객층을 겨냥한 서비스와 콘셉트를 추가한 것이 성공 요인이었다.

차별화의 방법은 다양하다. 서비스에서 차이를 만들거나, 특정 고객층을 공략하거나, 제품이나 브랜딩을 차별화하는 방식이 가능하다. 무조건 가격 경쟁을 하다 보면 결국 수익성이 낮아지기 때문에 차별화된 가치를 제공하는 것이 장기적인 생존 전략이 된다.

유행을 활용하면서도 차별화하는 전략이 필요하다 ───────

유행을 활용하면서도 차별화 전략을 적용하면 경쟁력을 높일 수 있다. 단순히 유행하는 아이템을 그대로 도입하는 것이 아니라 소비자의 니즈를 반영해 개선하거나 특정 고객층을 목표로 하는 것이 효과적이다.

예를 들어 배달 음식 시장이 성장하면서 단순한 배달 전문이 아니라 건강식, 비건 메뉴, 다이어트 도시락처럼 특정한 수요를 충족하는 배달 서비스가 주목받았다. 같은 배달업이라도 차별화된 요소가 있다면 장기적인 경쟁력을 가질 수 있다.

유행을 따라가되, 단기적인 성공이 아니라 지속 가능한 사업 모델을 구축하는 것이 핵심이다. 시장에서 차별화된 가치를 제공하면서 소비자의 지속적인 관심을 유지할 수 있는 전략을 세우면 유행이 지나도 생존할 수 있다.

핵심 정리

- 유행하는 사업 아이템은 빠르게 시장에 진입할 수 있지만 지속 가능성이 적다.
- 차별화 요소가 없으면 경쟁이 심해지고 가격 경쟁으로 인해 수익성이 떨어진다.
- 유행을 활용하면서 소비자 니즈를 반영해 개선하고 특정 고객층을 공략한다.

04

사업 아이템을
검증하는 실전 방법

......

작은 규모로 테스트하는 것이 중요하다 ─────

많은 창업자가 사업 아이템을 구상할 때 '이거라면 잘 될 거야'라고 확신하지만, 실제 시장 반응은 다를 수 있다. 아이디어가 아닌 현실에서 검증된 아이템이 성공 가능성이 크다. 이를 위해서는 창업 전에 반드시 작은 규모로 시장에서 테스트하는 과정이 필요하다.

소규모 테스트 방법으로는 오픈마켓이나 SNS 마켓을 활용한 온라인 판매, 지역 기반의 플리마켓 참가, 단기 이벤트성 팝업스토어 운영 등이 있다. 직접 오프라인 매장을 오픈하기 전에 오픈마켓에서 제품을 판매해 보고 소비자 반응을 확인한 후 본격적인 창업을 결정하는 것도 좋은 전략이다. 음식점을 창업할 계획이라면, 주변 지인이나 SNS를 통해 '테스트 메뉴'를 운영하고 다양한 고객 피드백을 받아 개선하는 과정을 거치는 것이 효과적이다.

고객 피드백을 적극적으로 반영한다

사업 아이템이 실제로 성공할지 확인하는 가장 좋은 방법은 고객의 반응을 직접 듣는 것이다. 많은 창업자가 본인의 감이나 확신만 믿고 창업하지만, 고객이 원하는 것이 다를 수 있기 때문에 검증 과정이 필수적이다.

고객 피드백을 수집하는 방법으로는 설문조사, SNS 반응 분석, 인터뷰 등이 있다. 특히 소규모 테스트 판매를 진행하면서 고객에게 '구매한 이유는 무엇인지?', '다른 제품과 비교했을 때 어떤 점이 좋은지?' 등의 질문을 던지며 직접 피드백을 받는 것이 중요하다.

고객의 의견을 반영해 제품이나 서비스의 질을 개선하면 실제 창업 후 시행착오를 줄이고 실패 확률을 낮출 수 있다. 초기 반응이 좋지 않다면 개선이 필요한 부분을 찾고 보완해야 한다.

시장 반응을 데이터로 분석한다

단순히 '사람들이 좋아한다'는 감각적인 평가가 아니라 실제 데이터를 바탕으로 시장 반응을 분석해야 한다. 매출, 재구매율, 클릭 수, SNS 공유 수 등의 데이터는 시장에서 이 아이템이 먹힐지 판단하는 중요한 지표가 된다.

온라인에서 제품을 테스트할 경우, SNS 광고를 집행해 클릭 수나 전환율을 확인하면 사람들이 관심을 가지는지 알 수 있다. 크라우드 펀딩 플랫폼을 활용해 고객의 사전 주문을 받아보는 것도 좋은 검증 방법이다.

시장 반응을 데이터로 정리하면 창업을 결정할 때 보다 객관적으로 판단할 수 있다. 투자자에게 사업 투자 제안을 할 때도, 은행에서 대출을 받을 때도 시장 검증 데이터를 근거로 제시하면 신뢰도를 높일 수 있다.

핵심 정리

- ⓖ 사업 아이템은 작은 규모로 테스트 판매를 진행하면서 시장 반응을 확인한다.

- ⓖ 고객 피드백을 적극적으로 반영해 제품이나 서비스의 질을 개선한다.

- ⓖ 단순한 감이 아닌 매출, 클릭 수, 재구매율 등의 데이터를 활용해 시장 반응을 분석한다.

05

창업 업종을
결정하는 기준

· · · · · ·

시장성과 수익성을 고려한다 ────────

많은 예비 창업자가 '내가 좋아하는 일'을 기준으로 업종을 선택하지만, 좋아하는 일과 돈이 되는 일은 다를 수 있다. 창업은 단순한 취미가 아니라 생계를 유지하는 비즈니스이므로 반드시 시장성과 수익성을 고려해야 한다.

시장성이란 해당 업종의 성장 가능성과 소비자의 지속적인 수요가 있는지를 의미한다. 예를 들어 과거에는 오프라인 서점이 많았지만, 지금은 온라인 서점과 전자책 시장이 더 성장하고 있다. 같은 독서 관련 업종이라도 트렌드 변화에 따라 성공 가능성이 달라지는 것이다.

수익성은 얼마나 적은 비용으로 높은 매출과 이익을 창출할 수 있는지를 판단하는 기준이다. 업종에 따라 마진율(이익률)이 낮으면 매출이 높아도 실제 수익은 적을 수 있다. 편의점처럼 낮은 마진율로 대량 판매하는 사업과 프리미엄 제품을 소량 판매하는 사업의 수익 구조는 다르다.

경쟁 강도를 분석한다

수익성이 높아 보인다고 무작정 창업하면 경쟁이 너무 치열해 수익을 내기 어렵다. 업종을 결정할 때는 반드시 경쟁 강도를 분석해야 한다.

경쟁 강도를 분석하는 방법으로 동일 업종의 기존 사업자 수, 신규 창업자의 증가율, 차별화 요소가 있는지를 살펴보는 것이 중요하다. 예를 들어 카페 창업은 진입 장벽이 낮고 누구나 도전할 수 있어 경쟁이 매우 치열하다. 반면, 특정 기술이나 자격증이 필요한 창업은 상대적으로 경쟁자가 적다.

경쟁이 많다면 가격 경쟁이 심화되면서 수익성이 악화될 가능성이 크다. 따라서 동일 업종이라도 틈새시장을 공략하거나 차별화 요소를 명확히 하는 전략이 필요하다.

자신의 성향과 업종이 맞는지 확인한다

성공적인 창업을 위해서는 자신의 성향과 업종이 잘 맞아야 한다. 아무리 시장성이 좋아도 본인의 성향과 맞지 않으면 장기적으로 사업을 지속하기 어렵다.

사람들과 적극적으로 소통하는 것을 좋아하는 사람이라면 서비스업

(외식업, 교육업, 뷰티업 등)이 적합하지만, 조용한 환경에서 집중하는 것을 선호하는 사람이라면 온라인 사업이나 1인 창업이 더 적합하다.

창업자가 해당 업종에 대한 경험이나 전문성을 어느 정도 갖추고 있는지도 중요한 요소다. 경험이 부족한 상태에서 창업하면 시행착오가 많아지고, 운영 과정에서 문제 해결이 어렵다.

자신의 성향과 강점을 고려하지 않고 단순히 돈이 될 것 같아서 창업하면 스트레스가 커지고 사업을 지속하기 힘들다. 따라서 창업 전에는 자신의 성향과 업종의 적합성을 충분히 고민해야 한다.

핵심 정리

⊙ 업종을 선택할 때는 시장성과 수익성을 꼼꼼히 분석한다.

⊙ 경쟁 강도가 높은 업종은 가격 경쟁이 심하므로 차별화 전략이 필요하다.

⊙ 자신의 성향과 업종이 맞는지 충분히 고려한다.

06

1인 창업과 공동 창업,
어떤 것이 나에게 맞을까?

· · · · · ·

1인 창업:
자유롭지만 모든 책임을 감당해야 한다 ──────

1인 창업은 모든 의사결정을 스스로 내릴 수 있어 자유도가 높다. 사업 방향, 마케팅 전략, 운영 방식 등 모든 것을 창업자가 직접 결정하고 실행할 수 있기 때문에 자신의 비전을 그대로 반영할 수 있다는 것이 가장 큰 장점이다. 또한 인건비 부담이 없고, 수익이 발생하면 온전히 본인의 몫이 되므로 초기 비용과 운영 비용을 절감할 수 있다.

하지만 1인 창업은 사업의 모든 과정을 혼자 감당해야 한다는 점에서 어려움이 많다. 상품 기획, 마케팅, 고객 응대, 재무 관리까지 전부 혼자 해야 하므로 업무량이 상당하다. 따라서 체력적으로도 부담이 크며, 문제가 발생했을 때 의논할 동료가 없어 심리적인 스트레스가 가중된다.

성장의 한계도 존재한다. 혼자 모든 것을 관리하다 보면 사업이 일정 규모 이상으로 커지기 어렵고 빠른 확장도 힘들다. 사업이 성장할수록 인력을 추가로 고용하거나 시스템을 자동화하는 등의 대안을 고민해야 한다.

예를 들어 온라인 쇼핑몰을 운영하는 1인 창업자는 초기에는 상품 소싱부터 배송, 고객 응대까지 혼자 감당할 수 있지만, 주문량이 늘어나면 업무 부담이 급증하게 된다. 이때 혼자 모든 것을 해결하려고 하면 고객 서비스의 질이 낮아질 수 있고, 결국 사업의 성장 가능성을 제한할 수도 있다.

공동 창업: 업무 분담이 가능하지만 파트너 관계가 중요하다 ————

공동 창업은 창업자가 가진 부족한 부분을 보완해줄 파트너와 함께 사업을 운영하는 방식이다. 혼자 하는 것보다 업무를 분담할 수 있어 창업 초기부터 체계적인 경영이 가능하고, 성장 속도를 높일 수 있다.

예를 들어 한 명이 마케팅과 영업을 담당하고 다른 한 명이 상품 기획과 운영을 관리하면, 각자의 강점을 살려 효율적으로 사업을 운영할 수 있다. 의사결정을 할 때도 서로의 의견을 교환하며 더 나은 결정을 내릴 수 있어 리스크 관리가 용이하다.

공동 창업에도 단점이 존재한다. 파트너와 의견 충돌이 발생하면 갈등이 커지고 사업 운영에 차질이 생길 가능성이 있다. 특히 수익 배분 문제나 역할 불균형이 발생하면 사업이 흔들린다.

한 공동 창업자가 초기 자본을 많이 투자하고 다른 파트너는 주로 운영을 맡아 일하는 경우, 투자자와 운영자의 기여도를 어떻게 평가하고 수익을 분배할 것인지에 대한 합의가 필요하다. 이런 문제를 사전에 명확히 정리하지 않으면 사업이 성장할수록 갈등이 커지고, 결국 파트너십이 깨지는 경우가 많다.

따라서 공동 창업을 고려한다면 각자의 역할과 책임을 명확히 정하고, 사업 운영 원칙을 미리 문서로 작성해 두는 것이 중요하다. 공동 창업 계약서를 통해 지분, 수익 분배, 의사결정 방식 등을 사전에 합의하면 추후 갈등을 최소화할 수 있다.

나에게 맞는 창업 방식 선택하기 ─────────

창업 방식은 창업자의 성향, 목표, 사업 규모 등을 고려해 신중하게 결정해야 한다. 자신이 모든 것을 컨트롤하며 독립적으로 운영하는 것을 선호한다면 1인 창업이 적합하다. 반면, 비즈니스 경험이 부족하거나 초기부터 규모 있는 사업을 운영해야 한다면 공동 창업이 유리하다.

사업의 유형도 중요한 요소다. 소규모 온라인 창업이나 프리랜서, 개인 브랜딩 사업 등은 1인 창업으로 충분히 가능하지만, 오프라인 매장이나 프랜차이즈 사업, 기술 기반 스타트업처럼 많은 자본과 인력이 필요한 사업은 공동 창업이 더 적절하다.

무엇보다 본인의 성향을 객관적으로 분석하는 것이 중요하다. 타인과 협업하는 것을 선호하고, 파트너와의 의견 조율이 원활할 수 있는 성격이라면 공동 창업이 적합할 수 있다. 반면, 자율적으로 모든 것을 결정하고 실행하는 스타일이라면 1인 창업이 더 유리하다.

결국, 창업 방식은 개인의 성향과 사업 목표에 따라 달라질 수 있으며, 각 방식의 장단점을 충분히 고려한 후 결정해야 한다.

핵심 정리

- ⊙ 1인 창업은 의사결정이 자유롭고 비용 부담이 적지만, 모든 업무를 혼자 감당해야 하므로 부담이 크다.

- ⊙ 공동 창업은 역할 분담을 통해 사업을 효율적으로 운영할 수 있지만, 파트너 간 갈등이 발생할 가능성이 있다.

- ⊙ 창업자의 성향, 사업 규모, 업종 특성을 고려해 본인에게 맞는 창업 방식을 선택한다.

07

시장 변화에 따라
유망 업종을 분석하는 방법

• • • • • •

트렌드 변화에 따른 업종 선정이 중요하다 ————

시장 변화는 끊임없이 발생하므로 창업 업종을 선택할 때는 현재뿐만 아니라 미래의 성장 가능성을 고려해야 한다. 현재 유행하는 업종이더라도 몇 년 후에는 수요가 줄어들 수 있기 때문이다. 따라서 유망 업종을 선택하기 위해서는 장기적인 시장 변화와 소비자 트렌드를 읽는 능력이 필요하다.

과거에는 오프라인 매장이 주류였지만, 현재는 온라인 쇼핑과 배달 서비스가 급성장했다. 또한 코로나19 이후 비대면 서비스, 구독 경제, 친환경 사업 등이 떠오르면서 새로운 창업 기회가 생겼다.

트렌드를 읽기 위해서는 소비자 라이프 스타일의 변화, 정부 정책, 기술 발전 동향 등을 분석하는 것이 중요하다. 예를 들어 정부가 친환경 정책을 강화하면 전기차 충전소, 친환경 포장재, 재활용 관련 사업 등이 유망 업종이 될 가능성이 크다.

따라서 창업자는 단순히 현재 인기 있는 업종을 선택하는 것이 아니라 시장 변화에 적응할 수 있는 장기적인 성장 가능성을 가진 업종을 선택해야 한다.

데이터를 활용해 유망 업종을 분석한다 ─────────

유망 업종을 찾기 위해서는 단순한 감이나 직관이 아니라 신뢰할 수 있는 객관적인 데이터를 활용해야 한다. 이를 위해 다음과 같은 방법을 활용한다.

❶ 검색 트렌드 분석

네이버 데이터랩, 구글 트렌드 등을 활용하면 특정 키워드의 검색량이 증가하는지를 확인할 수 있다. 예를 들어 최근 몇 년간 '비건 레스토랑'에 대한 검색량이 꾸준히 증가했다면 채식 관련 업종이 성장 가능성이 크다는 의미다.

❷ SNS와 커뮤니티 모니터링

인스타그램, 유튜브, 틱톡 등에서 급상승하는 콘텐츠나 소비자 관심도를 분석하면 신흥 트렌드를 파악할 수 있다. 예를 들어 과거에는 없던 '미니멀 라이프' 관련 제품이 인기 있는 것을 보고 미니멀 인테리어 사업이 유망하다는 결론을 내릴 수 있다.

❸ 정부와 기업의 산업 보고서 활용

한국무역협회, 통계청, 글로벌 리서치 기관의 산업 보고서를 참고하면 어떤 업종이 정부의 지원을 받고 있으며, 향후 성장할 가능성이 큰지를 확인할 수 있다.

이러한 데이터를 종합적으로 분석하여 단순한 유행이 아니라 지속적으로 성장할 가능성이 큰 유망 업종을 찾는다.

시장 진입 장벽과 경쟁 강도를 고려한다 ─────────

유망 업종이라도 진입 장벽이 높으면 창업 초기 비용과 시간이 많이 든다. 반면, 진입 장벽이 낮으면 경쟁자가 많아 과당 경쟁으로 인해 수익성이 낮아질 가능성이 크다. 따라서 창업자가 감당할 수 있는 수준의 시장 진입 장벽과 경쟁 강도를 고려하는 것이 중요하다.

❶ 진입 장벽이 높은 업종

첨단 기술이 필요한 AI 기반 서비스, 의료 관련 업종, 특허가 필요한 제품 등은 진입 장벽이 높지만, 진입에 성공하면 경쟁이 적고 높은 수익을 기대할 수 있다.

❷ 진입 장벽이 낮은 업종

카페, 음식점, 온라인 쇼핑몰 등은 비교적 쉽게 창업할 수 있지만, 경쟁이 치열해 차별화 전략이 없으면 살아남기 어렵다.

그러므로 유망 업종을 선택할 때는 자신의 경험과 역량, 창업 자금, 운영 능력 등을 종합적으로 고려해야 한다. 경쟁 강도가 높은 업종이라면 소비자가 원하는 차별화 요소를 추가해 경쟁력을 갖추는 것이 필요하다.

핵심 정리

◎ 유망 업종을 선정할 때는 단기적인 유행이 아니라 장기적인 시장 변화를 분석한다.

◎ 검색 트렌드, SNS, 정부 산업 보고서 등 객관적인 데이터를 활용해 시장 가능성을 확인한다.

◎ 진입 장벽과 경쟁 강도를 고려해서 자신의 역량과 창업 자금에 맞는 업종을 선택한다.

08

실패하는 사업
아이템의 특징

• • • • • •

시장 수요가 부족한 아이템

창업을 준비하는 과정에서 본인이 좋아하는 것을 기준으로 사업 아이템을 정하면, 이는 실패로 이어지는 주요 원인 중 하나다. 아무리 좋은 제품이나 서비스라도 소비자가 원하지 않으면 사업이 성장할 수 없다. 시장의 흐름을 고려하지 않고 단순히 본인의 관심사나 취향만으로 사업 아이템을 정하면 실제 시장의 수요가 적어 매출이 나오지 않는 상황이 발생한다.

사업을 시작하기 전에는 반드시 시장 수요를 조사해야 한다. 검색 트렌드 분석, 경쟁업체 매출 데이터, 온라인 커뮤니티 반응 등을 통해 소비자가 정말로 원하는 제품이나 서비스인지 확인하는 과정이 필수적이다.

단순히 현재 수요가 있다고 해서 안심해서는 안 된다. 시장 규모가 너무 작거나 소비자의 반복 구매율이 낮은 아이템이라면 장기적인 수익을 내기 어렵다.

진입 장벽이 낮아 경쟁이 과열된 아이템

진입 장벽이 낮은 사업은 쉽게 창업할 수 있지만 그만큼 경쟁이 치열해 차별화가 없으면 수익을 내기 어렵다. 특히 이미 포화 상태인 업종에 진입하면 가격 경쟁에 휘말려 이익을 내기 힘들다.

카페, 치킨집, 편의점, 온라인 쇼핑몰 등은 대표적인 진입 장벽이 낮은 업종이다. 쉽게 시작할 수 있지만, 동일 제품을 판매하는 업체가 많아 차별화 요소가 부족하면 소비자의 선택을 받기 어렵다.

이러한 문제를 피하려면 단순한 모방 창업이 아닌 차별화된 콘셉트나 특화된 고객층을 목표로 해야 한다. 일반적인 카페가 아닌 반려동물 동반이 가능한 카페, 한식 디저트가 있는 카페 등 특정 소비층을 겨냥한 전략이 필요하다.

따라서 창업 전에 시장 내 경쟁업체를 철저히 분석하고, 차별화 요소가 명확하지 않은 아이템이라면 재검토해야 한다.

수익 구조가 불안정한 아이템

아무리 시장성이 있어 보이는 아이템이라도 지속적인 매출을 발생시키지 못하면 장기적으로 사업을 유지하기 어렵다. 특히 마진율이 낮거나 초기 투자 비용이 지나치게 높은 사업 모델은 손익분기점을 넘기기도 전에 운영이 어려워진다. 예를 들어 음식 배달 창업은 최근 몇 년간 수요가 급증했지만, 플랫폼 수수료와 광고비 부담이 커 수익성이 낮다는 문제가 있다. 마진율이 낮은 사업은 일정 매출을 유지하지 못하면 운영비와 고정비를 감당하기 어렵다.

고객의 재구매율이 낮은 아이템도 주의해야 한다. 한 번 판매하면 끝나는 제품보다는 지속적인 소비가 이루어지는 아이템이 안정적인 매출을 보장한다.

사업 아이템을 선정할 때는 초기 투자 비용과 운영비를 감안한 손익 구조를 분석하고, 재구매율이 높은지, 안정적인 수익 모델을 가질 수 있는지를 점검해야 한다.

핵심 정리

◎ 시장 수요가 부족한 아이템은 실패 확률이 높으므로 철저한 시장조사가 필요하다.

◎ 진입 장벽이 낮아 경쟁이 심한 업종은 차별화 전략이 없으면 수익을 내기 어렵다.

◎ 수익성이 낮거나 지속적인 매출이 어려운 아이템은 장기적으로 운영이 힘들다.

09

프랜차이즈 창업과
독립 창업의 장단점

· · · · · ·

프랜차이즈 창업:
브랜드의 힘을 빌리는 안정적인 선택 ————

프랜차이즈 창업은 본사가 이미 구축해 놓은 브랜드 인지도, 운영 시스템, 마케팅 노하우를 활용할 수 있어 초보 창업자에게 유리한 선택이 될 수 있다. 특히 창업 경험이 부족한 사람이라면 점포 운영 방식, 메뉴 개발, 고객 서비스 등 전반적인 지원을 받을 수 있어 시행착오를 줄일 수 있다.

프랜차이즈 가맹점은 일반 독립 매장보다 초기에 고객을 확보하기 쉬운 장점이 있다. 이미 브랜드를 알고 있는 고객들이 신뢰하고 방문하기 때문에 개업 초반부터 일정 수준의 매출을 올릴 가능성이 크다.

그러나 가맹비, 로열티, 필수 재료 구매 비용 등으로 인해 독립 창업보다 초기 투자 비용이 높다. 본사의 운영 방침을 따라야 하므로 창업자가 독자적인 운영 전략을 펼치기도 어렵다. 특정 메뉴나 프로모션을 본사에서 결정하기 때문에 점주의 재량이 제한될 수 있다.

프랜차이즈 창업을 고려한다면 본사의 수익 구조, 가맹 계약 조건, 초기 투자 비용과 운영비를 철저히 분석해야 한다. 또한 본사가 가맹점을 얼마나 적극적으로 지원하는지, 상권 보호 정책이 있는지 등을 꼼꼼하게 확인해야 한다.

독립 창업:
자유로운 운영이 가능하지만 높은 리스크 ─────

독립 창업은 프랜차이즈 창업보다 초기 비용이 적게 들고 모든 의사결정을 창업자가 직접 내릴 수 있다는 점에서 유리하다. 업종과 사업 모델을 자유롭게 선택할 수 있으며, 메뉴나 서비스 구성, 가격 정책, 마케팅 전략 등을 본인의 창의력과 시장 상황에 맞게 조절할 수 있다.

또한 로열티나 가맹비를 내지 않아도 되므로 매출이 증가할수록 수익률이 높아진다. 같은 커피 전문점이라도 프랜차이즈는 일정 매출의 일부를 본사에 지불해야 하지만, 독립 매장은 창업자가 수익을 온전히 가져갈 수 있다.

그러나 독립 창업은 모든 것을 처음부터 혼자 감당해야 한다는 점에서 리스크가 크다. 브랜드 인지도가 없기 때문에 고객을 확보하는 데 시간이 걸리고, 초기 마케팅 비용이 많이 든다. 또한 사업 경험이 부족하면 운영 매뉴얼이 없어 시행착오를 겪게 될 가능성이 크다.

음식점을 창업할 경우, 프랜차이즈는 본사에서 레시피, 조리법, 원재료 공급을 지원해 주지만, 독립 창업자는 모든 것을 스스로 해결해야 한다. 따라서 철저한 준비와 운영 전략이 없다면 초기 적자가 발생할 확률이 높아진다.

나에게 맞는 창업 방식 선택하기

프랜차이즈 창업과 독립 창업 중 어떤 것이 더 나은 선택인지에 대한 정답은 없다. 본인의 창업 경험, 자본금, 업종에 따라 최적의 방식을 선택하는 것이 중요하다.

<프랜차이즈 창업이 적합한 경우>

❶ 창업 경험이 부족하여 운영 매뉴얼과 지원이 필요한 경우
❷ 브랜드 인지도를 활용해 빠르게 고객을 확보하고 싶은 경우
❸ 초기 투자금이 충분하고 안정적인 수익을 원하는 경우

<독립 창업이 적합한 경우>

❶ 창업 경험이나 업종에 대한 전문성이 있는 경우
❷ 자유롭게 사업을 운영하고 브랜드를 직접 키우고 싶은 경우
❸ 초기 비용을 절감하고 장기적으로 높은 수익을 목표로 하는 경우

결국, 어떤 방식이든 창업 전에 철저한 시장조사와 수익성 분석이 필수적이다. 본인의 강점과 창업 목표를 고려해 장기적으로 지속 가능한 모델을 선택해야 한다.

핵심 정리

- 프랜차이즈 창업은 브랜드 인지도와 운영 시스템을 활용할 수 있지만, 초기 비용 부담과 운영 제약이 따른다.
- 독립 창업은 자유로운 운영이 가능하지만, 브랜드 구축과 고객 확보가 어렵고 시행착오가 많을 수 있다.
- 창업자의 경험, 자본금, 목표에 따라 적합한 창업 방식을 선택한다.

10

기존 아이템을 개선하여 창업하는 전략

. . . . . .

기존 시장의 문제점을 해결하는 차별화 전략 ─────

많은 창업자가 완전히 새로운 아이템을 찾으려 하지만, 사실 기존에 존재하는 아이템을 개선하는 것이 더 현실적인 창업 전략이 될 수 있다. 새로운 아이템을 개발하는 데는 높은 연구개발 비용과 시간이 소요되지만, 기존 제품이나 서비스를 보완하면 비교적 빠르게 시장에 진입할 수 있기 때문이다.

중요한 것은 현재 시장에서 소비자들이 불편함을 느끼거나 개선을 원하는 부분을 찾는 것이다. 예를 들어 기존 배달 음식 시장에서 배달비 부담이 크다는 점을 보완해 '무료 배달' 모델을 도입한 업체들이 경쟁력을 갖춘 사례가 있다.

소비자의 니즈가 변화하면서 기존 제품의 새로운 활용법이 떠오르고 있다. 과거에는 단순한 커피숍이 많았지만, 책과 함께 즐기는 북카페, 코워킹 스페이스형 카페 등 특정 고객층을 겨냥한 차별화된 카페들이 인기를 끌고 있다.

따라서 창업을 준비할 때는 기존 제품이나 서비스가 해결하지 못한 문제점을 분석하고, 차별화된 방식으로 개선하는 전략이 필요하다.

업종별로 기존 아이템을 개선하는 방법

❶ 외식업

기존 음식점을 모델로 그대로 운영하는 것이 아니라 메뉴 구성, 서비스 방식, 운영 시스템 등을 개선한다. 예를 들어 일반적인 한식당이 아니라 '건강식 한식 도시락' 콘셉트로 바꿔 배달 시장을 공략하면 경쟁력이 생긴다.

❷ 소매업

기존 제품을 단순히 판매하는 것이 아니라 소비자가 원하는 방식으로 변형해 제공하는 것도 방법이다. 예를 들어 기존 화장품 가게가 아니라 개인의 피부 타입에 맞춰 맞춤형 화장품을 만들어 주는 서비스로 차별화할 수 있다.

❸ 서비스업

이미 있는 서비스라도 고객의 편의성을 높이면 차별화가 가능하다. 예를 들어 기존 세탁소와 차별화된 '픽업·배달 세탁 서비스'가 등장하면서 바쁜 직장인들에게 큰 인기를 얻고 있다.

이처럼 기존 업종에서도 소비자의 불편함을 해결하고 차별화된 가치를 제공하면 충분히 경쟁력을 가질 수 있다.

시장 반응을 빠르게 테스트하고 개선하는 방법 ──────

기존 아이템을 개선해 창업한다고 해도 반드시 시장의 반응을 확인하는 과정이 필요하다. 이를 위해 소규모 테스트를 거쳐 고객의 반응을 검증하고 필요한 부분을 보완하는 것이 중요하다.

❶ 소프트 런칭(Soft Launching) 활용
초기부터 큰 비용을 들여 매장을 오픈하는 것이 아니라 SNS, 크라우드 펀딩, 팝업스토어 등을 활용해 시장 반응을 테스트한다.

❷ MVP(Minimum Viable Product) 전략
완벽한 제품을 만들기 전에 핵심 기능만 갖춘 시제품을 먼저 출시하여 고객의 반응을 확인한 후 개선하는 방식이 효과적이다.

❸ 고객 피드백(Customer Feedback) 반영
소비자 의견을 적극적으로 수렴해 필요한 부분을 수정하고 경쟁력을 높여야 한다. 예를 들어 고객들이 '포장이 불편하다'고 한다면 친환경

패키지나 간편한 포장 형태로 바꿔 경쟁력을 가질 수 있다.

이와 같이 기존 아이템을 그대로 따라 하는 것이 아니라 시장의 피드백을 반영해 끊임없이 개선하면 창업을 성공적으로 이끌 수 있다.

핵심 정리

◎ 기존 아이템을 개선해 개발 비용과 시간을 줄이고, 소비자의 불편을 해결한다.

◎ 업종별 차별화 요소를 분석하고, 기존 시장에서 해결되지 않은 문제를 찾는다.

◎ 소프트 런칭, MVP 전략, 고객 피드백을 활용해 시장 반응을 테스트하고 지속적으로 개선하는 것이 성공 확률을 높인다.

시장조사와
사업성 분석

. . . . .

01

창업 전에 반드시
시장조사를 해야 하는 이유

. . . . . .

시장 수요와 성장 가능성 파악 ─────────

창업을 결심하기 전에 반드시 시장조사를 해야 하는 이유는 간단하다.
시장을 제대로 이해하지 못한 상태에서 사업을 시작하면 실패할 확률
이 급격히 높아지기 때문이다.

시장조사는 단순한 정보 수집이 아니라 내가 선택한 사업이 실제로
수익성이 있는지, 소비자들이 원하는 서비스인지, 경쟁에서 살아남을
수 있는지를 확인하는 필수 과정이다. 창업의 성패는 감이나 직관이
아니라 데이터에 기반한 전략적 판단에 달려 있다.

어떤 사업이든 시장의 크기를 분석하는 것이 우선이며, 성장 속도도
중요한 요소다. 현재 매출이 높은 업종이라도 성장세가 둔화하거나 하
락세에 있다면 신중히 접근해야 한다. 반대로 신흥 시장이라도 빠르게
성장하는 분야라면 초기 진입이 좋은 기회가 된다.

창업 전에는 해당 업종의 최근 3~5년간 성장 추이를 살펴보고 앞으로의 전망을 분석하는 것이 필요하다.

소비자의 실제 니즈 확인과 경쟁업체 분석 ─────────

많은 창업자가 실수하는 부분이 바로 본인이 원하는 제품이나 서비스를 소비자도 원할 것이라고 착각하는 것이다. 소비자의 실제 니즈를 확인하지 않고 창업하면 예상과 전혀 다른 결과를 맞닥뜨릴 수 있다.

예를 들어 단순히 건강식이 유행한다고 해서 무작정 건강식 전문점을 창업하면 실패할 가능성이 크다. 소비자가 어떤 이유로 건강식을 찾는지, 어떤 가격대와 형태를 원하는지를 구체적으로 분석해야 한다.

소비자의 니즈를 파악하기 위해서는 설문조사, SNS 반응 분석, 커뮤니티 조사 등의 방법을 활용한다. 소비자가 기존 제품이나 서비스에서 불만을 느끼는 부분을 파악하면 차별화된 강점을 만들 수 있다. 예를 들어 기존 음식 배달 서비스가 배달비 문제로 불만이 많다면, '배달비 없는 정기 구독형 도시락 서비스'와 같은 새로운 모델을 고민해야 한다.

경쟁업체 분석은 단순히 어떤 업체가 있는지 확인하는 것이 아니라 그들이 어떤 고객층을 목표로 하고 있으며, 어떤 차별화 요소가 있는지를 파악하는 것이 중요하다. 동네에 카페가 많다고 해도 모든 카페가 같은 유형은 아니다. 어떤 곳은 디저트에 강하고, 어떤 곳은 테이크아웃 전문이며, 어떤 곳은 독서 공간을 제공한다. 경쟁업체들의 전략을 파악하고, 내가 어떤 포지셔닝을 하면 성공할 수 있을지를 조사해야 한다.

가격 전략, 마케팅 방식, 운영 방식 등을 비교 분석하여 기존 업체들이 놓치고 있는 기회를 발견하는 것 역시 중요하다. 예를 들어 대부분 카페가 오후 9시에 문을 닫는다면 야간 공부 공간이 필요한 고객을 위한 심야 운영 카페를 고려해볼 수 있다.

핵심 정리

◎ 창업 전에 시장조사는 필수 과정이다.

◎ 시장의 크기와 성장 가능성을 분석하고, 소비자의 실제 니즈를 파악하며, 경쟁업체 분석을 통해 차별화 전략을 세운다.

◎ 데이터 기반의 시장조사를 진행하여 실패 확률을 줄이고 성공 가능성을 높인다.

02

소비자의 니즈를
분석하는 방법

• • • • • •

소비자는 무엇을 원하는가?

창업 과정에서 소비자가 원하는 것이 무엇인지 아는 것은 중요하다. 하지만 많은 창업자가 이 부분을 감각에 의존해 결정한다. 소비자의 니즈를 제대로 분석하지 않으면 사업이 방향성을 잃고 실패할 가능성이 커진다. 성공적인 창업을 위해서는 철저한 소비자 분석이 필수다.

소비자의 니즈를 분석하기 위해서는 먼저 그들이 어떤 기준으로 제품이나 서비스를 선택하는지 이해해야 한다. 단순히 '좋은 제품을 만들면 팔리겠지'라는 생각은 위험하다. 소비자는 다양한 요소를 고려해 구매 결정을 내리기 때문이다.

같은 커피라도 소비자의 선택 기준은 다르다. 어떤 사람은 단순히 가까운 곳에 있는 카페를 찾고, 어떤 사람은 브랜드를 중요하게 여기며, 또 다른 사람은 가격 대비 양을 중요하게 생각한다. 이처럼 같은 제품이라도 소비자의 구매 기준이 다르기 때문에 내 목표 고객층이 무엇을 중시하는지 정확히 파악해야 한다.

소비자는 불편함을 해결해주는 제품이나 서비스에 끌린다. 기존 시장에서 소비자들이 겪는 불편을 파악하고 이를 개선하는 방향으로 접근해야 한다. 예를 들어 1인 가구가 증가하면서 혼자 먹기 좋은 소포장 밀키트가 인기를 끌고 있는데, 이는 대용량 제품이 많아 불편하다는 소비자의 문제를 해결한 사례다.

소비자 분석을 위한 실전 방법

소비자의 니즈를 파악하는 방법은 다양하지만, 가장 효과적인 방법은 직접 데이터를 수집하는 것이다. 시장조사기관의 보고서를 참고할 수도 있지만, 창업자 본인이 직접 소비자의 반응을 조사하는 것이 더 현실적이고 유용한 정보를 얻을 수 있다.

첫째, 온라인 검색 데이터 활용이다. 네이버 데이터랩, 구글 트렌드 같은 플랫폼을 활용하면 특정 키워드의 검색량 변화나 트렌드를 확인할 수 있다. 예를 들어 '비건 베이커리'라는 키워드를 검색했을 때 검색량이 꾸준히 증가하고 있다면 이 시장이 성장하고 있다는 신호로 해석할 수 있다.

둘째, 소셜미디어와 커뮤니티 분석이다. 소비자는 불편한 점이나 원하는 제품에 대해 SNS, 블로그, 카페 등을 통해 의견을 나눈다. 창업자가 목표로 하는 업종과 관련된 키워드를 검색하면 소비자가 어떤 니즈를 가지고 있는지 쉽게 파악할 수 있다. 예를 들어 '프랜차이즈 카페'라는 키워드로 검색했을 때 '카공족(카페에서 공부하는 사람들)은 조용한 공간을 원한다'는 의견이 많다면, 조용한 독서 공간이 있는 카페를 기획하는 것이 좋은 전략이다.

셋째, 직접 소비자의 의견을 듣는 것이다. 간단한 설문조사를 진행하거나 실제 소비자들에게 질문을 던지는 것도 좋은 방법이다. 음식점 창업을 준비 중이라면 주변 직장인들에게 '점심 메뉴에서 가장 중요한 요소가 무엇인지'를 물어본다. 직접적인 피드백을 통해 소비자가 중요하게 생각하는 요소를 파악할 수 있다.

소비자 니즈를 반영한 창업 전략

소비자의 니즈를 분석한 후에는 이를 바탕으로 창업 전략을 수립해야 한다. 소비자의 요구를 반영하지 않고 사업을 운영하면 경쟁에서 도태될 가능성이 크다.

소비자가 원하는 것이 '가격'이라면 가격 경쟁력이 있는 제품이나 가성비 좋은 서비스 제공이 필요하다. 반대로 소비자가 '품질'을 중시한다면 원재료나 브랜드 가치를 강조하는 전략이 효과적이다.

아울러 소비자의 불편함을 해결하는 방향으로 차별화를 시도해야 한다. 예를 들어 기존 미용실은 예약을 하지 않으면 대기 시간이 길지만, '완전 예약제 미용실'을 운영한다면 고객의 불편을 줄이고 경쟁력을 가질 수 있다.

소비자의 니즈를 반영한 창업 전략을 세우는 과정은 단순한 시장조사 이상의 의미가 있다. 고객이 어떤 경험을 기대하는지를 이해하고, 이를 반영한 차별화된 비즈니스 모델을 만들어야 지속적인 성장이 가능하다.

핵심 정리

◎ 소비자의 니즈를 분석하지 않으면 사업이 실패할 가능성이 크다.

◎ 온라인 검색, SNS 분석, 직접설문조사 등을 통해 실질적인 소비자 니즈를 파악한다.

◎ 소비자의 불편함을 해결하는 방향으로 사업을 기획하여 차별화된 경쟁력을 확보한다.

창업이 성공할
가능성을 판단하는 방법

· · · · · ·

시장성과 수익성을 점검한다

창업이 성공하기 위해서는 기본적으로 시장성과 수익성이 뒷받침되어야 한다. 시장성이란 내가 하려는 업종에 충분한 고객이 존재하는지를 의미하며, 수익성이란 이 사업이 지속적으로 이익을 낼 수 있는지를 판단하는 것이다.

시장성 평가는 시장 규모와 성장 가능성을 파악하는 것이다. 예를 들어 온라인 쇼핑 시장은 지속적으로 성장하고 있지만, 오프라인 쇼핑 시장은 점점 축소되고 있다. 창업 전에 업종의 전반적인 시장 흐름을 조사해야 한다.

수익성을 점검하는 것도 중요하다. 아무리 인기가 많은 업종이라도 마진율이 낮거나 운영비가 많이 든다면 장기적으로 유지하기 어렵다. 예를 들어 배달 음식점은 매출은 높아 보이지만 배달 수수료, 광고비,

식재료비 등을 고려하면 실제 수익이 예상보다 적을 수 있다. 따라서 예상 매출과 비용을 꼼꼼히 계산하여 손익분기점을 설정하는 것이 필요하다.

경쟁력을 확보할 수 있는가?

시장에 이미 경쟁자가 많다면 새롭게 진입하는 창업자가 살아남기는 어렵다. 창업 전에는 반드시 경쟁업체를 분석하고, 내가 제공할 수 있는 차별화 요소가 무엇인지 고민해야 한다.

대형 프랜차이즈 카페가 많은 지역에서 개인 카페를 창업하려 한다면, 단순히 커피 맛이 좋다는 이유만으로는 차별화가 어렵다. 그러나 '책을 읽을 수 있는 조용한 북카페', '반려동물과 함께할 수 있는 카페' 등 독창적인 콘셉트를 가진다면 경쟁력을 확보할 수 있다.

경쟁업체가 해결하지 못한 소비자의 불편을 찾아보는 것도 차별화 전략이 된다. 예를 들어 대부분의 미용실이 예약 없이 운영되는 점을 고려하여 100% 예약제로 운영하는 미용실을 만든다면 '대기 시간이 없는 편리한 미용실'이라는 경쟁력이 생긴다.

내가 이 사업을 지속할 수 있는가?

사업이 성공하기 위해서는 창업자의 역량과 의지가 매우 중요하다. 아무리 시장성이 좋은 업종이라도 창업자가 충분한 경험과 지식을 갖추지 못하면 성공하기 어렵다. 따라서 창업 전에 내가 이 사업을 운영할 준비가 되어 있는지를 점검해야 한다.

여러 차례 강조하지만, 경험이 부족한 상태에서 창업을 한다면 최소한의 실전 경험을 쌓는 것이 필요하다. 음식점 창업을 준비 중이라면 최소한 몇 개월이라도 외식업장에서 일하면서 매장 운영의 현실을 경험해보는 것이 중요하다.

창업은 단순한 돈벌이가 아니라 장기적인 관점에서 지속적으로 운영이 가능해야 한다. 단기간에 빠르게 돈을 벌겠다는 생각보다는 꾸준히 성장할 수 있는 모델을 구축해야 한다.

창업 후에는 운영 과정에서 많은 시간과 노력이 필요하므로 '나는 이 사업을 최소 3~5년 이상 지속할 수 있을까?'라는 질문을 스스로 던져볼 필요가 있다.

핵심 정리

◎ 사업의 성공 가능성을 판단하기 위해 시장성과 수익성을 먼저 분석한다.

◎ 경쟁업체와의 차별화 요소를 반드시 찾는다.

◎ 해당 사업을 지속할 수 있는 역량과 의지를 가지고 있어야 한다.

04

좋은 상권을
찾는 핵심 원칙

· · · · · ·

내 업종에 적합한 상권을 찾는다

좋은 상권을 선택하는 것은 단순히 유동인구가 많은 곳을 찾는 것이 아니라 내 사업에 적합한 고객층이 충분히 존재하는지를 분석하는 과정이다.

예를 들어 대학가 근처에 있는 고급 한정식집은 실패할 가능성이 크지만, 가성비 좋은 분식집이나 카페는 성공 확률이 높다. 반대로 고급 한정식집은 회사 밀집 지역이나 고급 주거 지역에서 더 높은 매출을 기대할 수 있다.

따라서 창업을 준비할 때는 내가 하려는 업종의 주요 고객층이 어디에 있는지를 먼저 분석해야 한다. 당연한 이야기이지만 주요 소비층이 20~30대 직장인이라면 오피스 밀집 지역이 유리하고, 가족 단위 고객이 많다면 주택가 상권이 적합하다.

상권의 특성과 소비자의 행동 패턴도 고려해야 한다. 같은 주택가라도 대단지 아파트 지역과 단독주택 지역은 소비 패턴이 다르며, 같은 오피스 상권이라도 대기업이 많은 지역과 중소기업이 많은 지역의 소비 형태는 다르다.

유동인구보다 '실제 고객'을 분석한다 ──────────

유동인구가 많다고 해서 반드시 매출이 높은 것은 아니다. 중요한 것은 '유동인구 중 실제 내 가게에 방문할 가능성이 큰 고객이 얼마나 되는가'이다.

지하철역 출구 앞은 유동인구가 많지만, 대부분 특정 목적지를 향해 이동하는 경우가 많아 가게에 방문하지 않을 가능성이 크다. 반면, 유동인구가 상대적으로 적더라도 목적 없이 거리를 걷거나 쇼핑을 즐기는 지역이라면 매장 방문율이 높다.

상권을 분석할 때는 유동인구의 수뿐만 아니라 성별, 연령대, 소비 성향까지 파악해야 한다. 점심시간과 저녁 시간에 유동인구가 몰리는 직장인 상권인지, 주말에 가족 단위 방문이 많은 쇼핑 상권인지 분석해야 한다.

체류 시간이 긴 장소인지도 고려 대상이다. 같은 카페라도 유동인구가 많은 도로변보다는 사람들이 오래 머무르는 쇼핑몰 내부나 공원 근처가 더 좋은 입지가 될 수 있다. 따라서 단순한 숫자보다 실제 고객의 특성과 소비 성향을 파악하는 것이 입지 선정의 핵심이다.

경쟁업체와의 거리도 중요하다 ────────

좋은 상권을 선택할 때는 경쟁업체가 너무 많은 곳을 피하는 것이 중요하다. 같은 업종의 가게가 밀집한 지역은 고객이 많을 수는 있지만, 경쟁이 치열해 신규 창업자가 자리 잡기 어렵다. 반대로 비슷한 업종이 너무 없는 지역도 위험할 수 있다.

경쟁업체가 많은 지역에서 창업해야 한다면 기존 업체와 확실한 차별점을 둘 수 있는지 고민해야 한다. 예를 들어 주위에 프랜차이즈 베이커리가 많다면 '비건을 위한 베이커리', '친환경 과일과 베이커리의 만남'이라는 차별점을 내세울 수 있다.

무엇보다 중요한 것은 경쟁업체의 강점과 약점을 분석하여 내가 강점을 살릴 수 있는 요소가 무엇인지 파악해야 한다는 점이다.

핵심 정리 ──────────────────

◎ 단순히 유동인구가 많은 곳이 아닌, 업종의 주요 고객층이 충분한 지역을 선택한다.

◎ 유동인구의 수뿐만 아니라 소비자의 행동 패턴과 체류 시간을 고려한다.

◎ 경쟁업체가 너무 많은 곳은 피하되, 완전히 없는 지역도 위험하다.

05

경쟁업체 분석을
효과적으로 하는 방법

. . . . . .

경쟁업체의 강점과 약점 파악 ─────────

경쟁업체를 제대로 분석하면 내 사업이 어떤 강점을 가질 수 있는지, 고객이 원하는 것이 무엇인지 더 명확하게 파악할 수 있다. '경쟁이 심한 지역이니까 피해야겠다'는 생각보다는 경쟁업체를 분석하여 차별화할 기회를 찾아야 한다.

경쟁업체를 분석할 때는 먼저 해당 업종에서 강점을 가진 업체와 약점을 가진 업체를 구별한다. 이를 위해 경쟁업체의 위치, 가격, 서비스, 제품 품질, 고객 평가 등을 종합적으로 조사한다. 카페 창업을 하려는 거리에 A 카페는 저렴한 가격과 빠른 회전율이, B 카페는 조용한 분위기와 고급 커피가 강점이라면, A와 B가 제공하지 않는 또 다른 강점, 즉 '비건 디저트 전문 카페'처럼 차별화된 콘셉트를 내세워야 한다.

경쟁업체의 고객 리뷰를 분석하는 것도 유용한 방법이다. 네이버,

구글, 인스타그램 등의 리뷰를 살펴보면서 불만 사항이 많은 부분을 개선하는 형태로 사업을 운영하면 자연스럽게 경쟁력을 확보할 수 있다.

경쟁업체의 운영 방식 분석

단순히 경쟁업체의 강점과 약점만 보는 것이 아니라 운영 방식도 세부적으로 분석해야 한다. 운영 방식에는 고객 응대, 마케팅 방법, 매장 레이아웃, 메뉴 구성 등이 포함된다.

같은 동네에서 미용실을 창업한다면 기존 미용실의 예약 시스템과 고객 응대 방식을 조사할 필요가 있다. 어떤 미용실은 '예약제 없이 빠르게 진행'하는 방식이라면, 또 다른 미용실은 '고급 서비스를 제공하는 예약제'일 수 있다. 그렇다면 내 미용실을 '야간 운영'하거나 '맞춤형 스타일링 서비스'를 추가하는 방식으로 차별화해야 한다.

경쟁업체의 가격 정책도 분석해야 한다. 같은 업종이라도 가격대가 다양하며 고객층도 이에 따라 달라진다. 예를 들어 피트니스 센터의 경우에는 월회원제, 1회 이용권, PT 패키지 등의 가격 구성을 어떻게 해야 경쟁업체와 차별화할 수 있을지 고민해야 한다.

차별화 포인트 설정

경쟁업체를 분석한 후에는 내 사업을 어떻게 해야 경쟁 속에서 살아남을지에 대한 차별화 포인트를 설정해야 한다. 경쟁업체와 똑같은 방식으로 운영하면 고객이 굳이 새로운 업체를 이용할 이유가 없기 때문이다.

차별화 포인트는 제품, 서비스, 운영 방식 등 다양한 요소에서 찾을 수 있다. 일반적인 동네 빵집과 차별화하기 위해 '천연 발효종을 사용한 건강 베이커리'라는 콘셉트를 내세운다면 건강을 중시하는 고객층을 확보할 수 있다.

소비자가 겪고 있는 불편을 해결하는 것도 효과적인 차별화 전략이다. 예를 들어 주위에 세탁소가 주말에는 문을 닫는다면 '주말 운영 세탁소'라는 차별점을 내세울 수 있다.

고객이 원하는 서비스이지만 기존 경쟁업체가 제공하지 않는 요소를 찾아내는 것이 중요하다.

핵심 정리

◉ 경쟁업체의 강점과 약점을 파악하여 차별화할 기회를 찾는다.

◉ 경쟁업체의 운영 방식과 가격 정책을 분석하여 고객이 원하는 차별점을 만든다.

◉ 소비자가 겪는 불편을 해결하는 방식으로 차별화하면 경쟁에서 살아남는다.

06

시장 트렌드 분석과
미래 성장 가능성 판단

· · · · · ·

시장 트렌드를 분석하는 방법

창업은 현재 인기 있는 업종을 선택하는 것이 아니라 앞으로 지속적으로 성장할 수 있는 시장을 찾는 것이다. 시장이 빠르게 변화하는 만큼 현재 수익이 나는 업종이라도 2~3년 후에는 쇠퇴할 가능성이 있다. 따라서 시장 트렌드를 분석하고 미래 성장 가능성을 판단하는 것이 창업 성공의 핵심 요소다.

트렌드 분석을 위해서는 과거와 현재의 변화를 살펴보고, 어떤 방향으로 변화할지 예측해야 한다. 가장 먼저 할 일은 소비 패턴의 변화를 파악하는 것이다. 예를 들어 최근 몇 년간 배달 음식 시장이 급성장한 것은 1인 가구 증가와 모바일 앱의 발전이 맞물려 변화한 결과다.

트렌드를 분석하는 대표적인 방법은 온라인 검색 데이터와 SNS 분석이다. 네이버 데이터랩, 구글 트렌드, 인스타그램 해시태그 등을 활용하면 특정 키워드의 검색량 변화를 확인할 수 있다. '비건 베이커리'라는 키워드의 검색량이 꾸준히 증가하고 있다면, 향후 건강식 트렌드가 더욱 강화될 가능성이 큰 것이다.

트렌드를 빠르게 반영하는 스타트업이나 해외 시장을 참고하는 것도 좋은 방법이다. 국내에서는 아직 활성화되지 않았지만 해외에서 성장하고 있는 업종이라면 국내에서도 성공할 가능성이 크기 때문이다. 일본에서 유행했던 '편의점 수제 디저트'가 국내에서도 인기를 끌면서 다양한 편의점 브랜드가 수제 디저트 시장에 진출한 사례가 있다.

미래 성장 가능성이 큰 업종을 선택하는 방법 —————

트렌드가 인기 있다고 해서 무조건 따라가는 것은 위험하다. 트렌드는 짧은 유행일 수 있고, 지속 가능한 성장 산업일 수도 있다. 따라서 유행인지 장기적인 성장 가능성이 있는지 구별하는 것이 중요하다.

미래 성장 가능성이 큰 업종인지 판단할 때는 소비자의 라이프 스타일 변화와 정부 정책을 함께 살펴보는 것이 효과적이다. 친환경 정책이 강화되면서 일회용품을 줄이려는 움직임이 많아지고 있다. 이와 맞물려 친환경 포장재 사업 분야가 성장할 가능성이 커지고 있다.

인구 구조의 변화도 중요한 요소다. 고령화 사회로 접어들면서 전문적인 실버 케어 서비스 관련 사업이 유망 업종으로 떠오르고 있다. 반면, 학령인구 감소로 인해 전통적인 사교육 시장은 점차 축소될 것으로 보인다.

시장의 수익성과 안정성 점검 방법

인기 있는 트렌드와 성장 가능성이 있는 업종이라도 수익성이 낮거나 운영이 힘들다면 사업을 장기적으로 지속하기 어렵다. 따라서 창업 전에 반드시 시장의 수익성과 안정성을 점검해야 한다.

첫 번째로 고려할 점은 시장 규모와 성장 속도다. 현재 시장이 크지 않더라도 빠르게 성장하고 있는 업종이라면 미래 가치가 높다. 한 예로 몇 년 전만 해도 비건 시장은 매우 작았지만, 건강과 환경을 중시하는 트렌드가 강화되면서 관련 시장이 빠르게 확대되고 있다.

두 번째로 재구매율이 높은 업종인지 살펴야 한다. 한 번 구매하면 몇 년 동안 추가 구매가 없는 가구 업종과 달리, 카페나 베이커리 같은 업종은 고객이 자주 방문하기 때문에 안정적인 매출을 기대할 수 있다.

세 번째로 운영 리스크를 고려해야 한다. 아무리 성장성이 높아도 초기 투자 비용이 너무 크거나 정부 규제 리스크가 있는 업종이라면 장기적으로 부담이 된다. 공유 전동킥보드 시장은 한때 급성장했지만, 안전 문제와 규제 강화로 인해 많은 업체가 어려움을 겪고 있는 것이 좋은 사례이다.

핵심 정리

◎ 트렌드를 분석할 때는 검색 데이터, SNS, 해외 사례 등을 참고한다.

◎ 소비자 라이프 스타일 변화와 정부 정책을 고려해서 성장 가능성이 높은 업종을 찾는다.

◎ 시장의 수익성과 안정성을 점검하고 운영 리스크를 최소화한다.

소비자 설정과
핵심 고객층 분석

. . . . . .

핵심 고객층을 설정하는 방법 ————————

고객층을 구체적으로 설정할수록 홍보 전략이 효과적으로 작동하며, 불필요한 마케팅 비용을 줄일 수 있다. 기본적으로 고객층을 설정할 때 연령, 성별, 직업, 소득 수준, 라이프 스타일 등을 고려해야 한다.

20~30대 젊은 여성을 대상으로 한다면 SNS 기반 마케팅이 효과적이며, 중장년층을 대상으로 한다면 오프라인 광고나 지역 네트워크를 활용하는 것이 더 적절하다.

고객층을 설정할 때는 시장의 특성을 고려해야 한다. 도심과 주거 지역에 따라 고객층의 소비 성향이 다르며, 지역별 경제 수준에 따라서도 선호하는 가격대가 다르다. 같은 프랜차이즈 카페라도 오피스 상권에서는 테이크 아웃 위주의 전략이 효과적이고, 주택가에서는 좌석 회전율을 고려한 운영 전략이 필요하다.

또한 고객이 어떤 이유로 내 제품이나 서비스를 찾는지 이해해야 한다. 같은 제품이라도 고객의 구매 동기가 다를 수 있으며, 이를 분석해야 효과적인 마케팅이 가능하다.

다이어트 식품을 판매한다고 가정해보자. 어떤 고객은 체중 감량이 목표일 수 있고, 또 다른 고객은 건강 유지가 목적일 수 있다. 같은 제품이라도 누구를 대상으로 마케팅을 하느냐에 따라 광고 메시지와 판매 전략이 달라진다.

가격 민감도를 고려하는 것도 중요하다. 같은 카페라도 고급 디저트를 제공하는 프리미엄 카페와 가성비를 강조하는 브랜드의 고객층은 전혀 다르다.

따라서 내 사업이 가격 경쟁력을 갖춰야 하는 시장인지, 아니면 품질이나 서비스 차별화를 통해 프리미엄 전략을 세워야 하는 시장인지 명확히 해야 한다.

핵심 고객층을 공략하는 효과적인 방법

고객층을 설정했다면, 이들이 실제로 내 브랜드를 선택하고 지속적으로 이용하도록 유도하는 전략이 필요하다.

첫째, 고객이 자주 이용하는 채널에서 접근하는 것이 중요하다. 청년층은 인스타그램, 유튜브 등에서 정보를 얻는 반면, 중장년층은 블로그, 카페 같은 채널에서 정보를 찾는 경우가 많다. 따라서 고객층에 따라 적절한 홍보 채널을 설정해야 한다.

둘째, 고객이 원하는 가치를 제공해야 한다. 같은 배달 음식이라도 '빠른 배달'을 중요하게 생각하는 고객과 '건강한 식재료'를 선호하는 고객은 전혀 다른 가치를 기대한다. 따라서 내 사업이 어떤 고객의 니즈를 충족시킬 것인지 명확히 해야 한다.

셋째, 충성고객을 만들기 위한 전략이 필요하다. 한 번 방문한 고객이 재방문하도록 만들지 않으면 지속적인 매출을 유지하기 어렵다. 멤버십 도입, 할인 쿠폰 제공, 정기 이벤트 등으로 고객이 계속해서 내 브랜드를 이용하도록 유도해야 한다.

핵심 정리

- ⦿ 핵심 고객층을 명확하게 설정해서 불필요한 마케팅 비용을 줄이고 효과를 극대화한다.
- ⦿ 고객의 소비 니즈와 가격 민감도를 분석해 맞춤형 마케팅 전략을 수립한다.
- ⦿ 고객이 자주 이용하는 채널에서 접근하고, 원하는 가치를 제공하며, 재구매율을 높이는 전략을 세운다.

08

수익성 높은
시장을 찾는 실전 방법

. . . . . .

지속적인 수요가 있는 시장을 선택한다 ———————

수익성이 높은 시장을 찾는 것이 창업 성공의 핵심 요소다. 단순히 유행을 따라 창업했다가 시장이 포화 상태에 빠지거나 수익이 나지 않는 경우가 많다. 따라서 사업 아이디어를 구체화하기 전에 어떤 시장이 안정적이고 지속적인 수익을 창출할 수 있는지 분석해야 한다.

수익성이 높은 시장을 찾기 위해서는 고객의 지속적인 수요가 발생하는 시장을 우선적으로 고려해야 한다. 소비자들이 한 번만 구매하고 끝나는 제품이나 서비스보다는 정기적으로 재구매하거나 반복적으로 이용하는 업종이 더욱 안정적이다.

배달 음식, 정기 구독 서비스, 미용실, 세탁소와 같은 업종은 고객이 반복해서 이용할 가능성이 크다. 반면, 가구나 자동차 같은 제품은 교체 주기가 길어 신규 고객을 꾸준히 확보하기 어렵다. 따라서 소비자들이 반복적으로 찾을 가능성이 큰 업종을 고려하는 것이 장기적인 수익성을 높이는 전략이 된다.

특정 계절이나 한정된 이벤트에 의존하는 시장보다는 일년 내내 꾸준한 수요가 있는 업종을 선택하는 것이 안정적인 수익 창출에 유리하다. 예를 들어 겨울철 한정으로 수요가 높은 전통 호떡 가게보다는 계절과 관계없이 고객이 찾는 디저트 카페나 베이커리가 더욱 안정적인 매출을 기대할 수 있다.

경쟁 강도를 분석하고 차별화 전략을 세운다 ——————

수익성이 높다고 알려진 시장이라도 경쟁이 치열하면 신규 창업자가 살아남기 어렵다. 시장이 포화 상태라면 신규 업체가 진입하기 어렵고 기존 업체와의 경쟁이 심해져 가격 경쟁에 휘말릴 가능성이 크다. 따라서 창업 전에 반드시 해당 시장의 경쟁 강도를 분석하고, 차별화할 수 있는 요소를 찾아야 한다.

경쟁 강도를 분석하는 방법은 해당 지역에 비슷한 업종이 얼마나 있는지 조사하는 것이 기본이다. 예를 들어 내가 창업하려는 상권 내에 이미 피트니스 센터가 5개 이상 있다면 추가로 진입하기 어렵다. 하지만 기존 업체들의 서비스 방식이 천편일률적이라면 새로운 콘셉트를 적용해 경쟁력을 갖출 수 있다.

즉 단순히 경쟁업체가 많다고 피하는 것이 아니라 내가 경쟁에서 우위를 점할 수 있는 포인트가 있는지 분석하는 것이 핵심이다.

시장 규모와 성장 가능성을 점검한다 ——————

현재 인기 있는 업종이라고 해서 반드시 장기적으로도 성공할 수 있는 것은 아니다. 지금은 수익성이 높지만 몇 년 후에는 시장이 축소될 가능성이 있는 업종이 있을 수 있다. 따라서 시장의 성장 가능성을 먼저 분석하는 것이 필수이다.

시장 규모와 성장 가능성을 확인하는 방법으로는 정부의 산업 보고서, 창업 관련 통계 자료, 소비 트렌드 리포트 등을 분석하는 것이 효과적이다.

해외에서 먼저 성장한 업종을 참고하는 것도 유용한 방법이다. 일례로 일본과 미국에서 성행한 '프리미엄 수제 샌드위치' 트렌드가 한국에서도 인기를 끌면서 많은 창업자가 이 시장에 진입했다.

해외 트렌드를 미리 파악하고 국내 시장에서 성장 가능성이 있는지 조사하면 경쟁이 본격화되기 전에 선점할 기회를 가질 수 있다.

핵심 정리 ——————

◎ 지속적인 수요가 있는 시장을 선택하여 장기적인 수익성을 확보한다.

◎ 경쟁 강도를 분석하고 차별화 요소를 찾아야 생존 가능성이 커진다.

◎ 시장의 성장 가능성을 점검하고 해외 트렌드를 참고하여 성공 확률을 높인다.

09

사업의 손익분기점(BEP) 계산 방법

· · · · · ·

손익분기점을 계산하는 기본 공식 ─────

사업을 시작하기 전에 손익분기점(BEP, Break-Even Point)을 정확하게 계산하는 것은 필수이다. 손익분기점이란 매출이 총비용과 같아지는 시점, 즉 적자가 나지 않고 본전이 되는 지점을 의미한다. 창업자는 최소한 이 손익분기점을 넘길 수 있도록 매출 목표를 설정해야 하며, 이를 바탕으로 운영 전략을 수립한다.

손익분기점은 고정비, 변동비, 판매 가격을 고려하여 계산한다. 기본 공식은 다음과 같다.

손익분기점(BEP) = 고정비 ÷ (판매 가격 – 단위당 변동비)

• **고정비**: 매출과 관계없이 매달 고정적으로 발생하는 비용

(임대료, 직원 급여, 각종 관리비 등)

- **변동비**: 상품이나 서비스를 제공할 때마다 발생하는 비용

    (원재료비, 포장비, 배달비 등)
- **판매 가격**: 소비자에게 판매하는 제품이나 서비스의 단가

한 달 고정비가 500만 원이고, 제품 한 개당 판매 가격이 2만 원, 변동비가 5천 원이라고 가정해보자.

손익분기점 = 5,000,000원 ÷ (20,000원 - 5,000원) = 333개

한 달에 최소 333개 이상 판매해야 적자가 나지 않고 본전을 맞출 수 있다.

손익분기점을 낮추는 방법

손익분기점을 낮추면 창업 초기의 부담을 줄이고 보다 빠르게 수익을 창출할 수 있다. 이를 위해서는 고정비를 줄이거나 변동비를 최적화하고, 판매 가격을 조정하는 전략이 필요하다.

❶ 고정비를 줄이는 방법

고정비가 높으면 손익분기점을 맞추기 위해 더 많은 매출이 필요하다. 창업 초기에는 임대료가 높은 상권을 피하고, 최소한의 인력으로 운영하며, 마케팅 비용을 효율적으로 집행하는 것이 중요하다. 오프라인 매장 대신 배달 전문점을 운영하거나 대형 매장이 아닌 작은 공간에서

시작하는 것도 좋은 방법이다.

❷ 변동비를 절감하는 방법

변동비를 절감하면 제품당 이익이 증가하여 손익분기점이 낮아진다. 원가 절감을 위해 도매 거래처를 변경하거나 대량 구매 할인 혜택을 활용하고, 불필요한 부자재 사용을 줄이는 등의 전략이 필요하다. 카페를 운영할 경우에는 고급 원두 대신 합리적인 가격의 원두를 사용하거나, 종이컵 대신 머그컵을 활용하는 방식으로 변동비를 줄일 수 있다.

❸ 판매 가격을 조정하는 방법

판매 가격을 너무 낮추면 손익분기점을 맞추기 어려워지고, 반대로 너무 높으면 고객이 쉽게 외면할 수 있다. 따라서 시장 상황을 분석하여 적절한 가격을 설정하는 것이 중요하다. 경쟁업체보다 약간 높은 가격이라도 더 나은 서비스나 품질을 제공하면 고객이 선택할 가능성이 크다.

손익분기점을 고려한 현실적인 매출 목표 설정 ————

손익분기점을 계산한 후에는 이를 바탕으로 현실적인 매출 목표를 설정해야 한다. 단순히 '이 정도 팔면 본전이다'라는 계산에서 끝나는 것이 아니라 사업을 지속하기 위해 실제로 필요한 매출이 얼마인지 분석하는 과정이 필요한 것이다.

　손익분기점이 월 333개 판매라고 해서 정확히 333개를 팔면 사업이 성공할까? 그렇지 않다. 수익을 내기 위해서는 이보다 20~30% 이상 더 많은 매출을 올려야 한다. 또한 시즌별 매출 변동을 고려하여 비수기에도 손익분기점을 맞출 수 있도록 전략을 수립해야 한다.

　따라서 현실적인 목표를 설정할 때는 '고정비 + 변동비' 외에도 창업자의 생활비와 추가적인 운영 비용까지 포함하여 계산하는 것이 바람직하다.

핵심 정리

◎ 손익분기점(BEP)은 '고정비 ÷ (판매 가격 - 단위당 변동비)' 공식으로 계산한다.

◎ 고정비를 줄이고 변동비를 절감하면서 판매 가격을 적절히 설정한다.

◎ 손익분기점만 맞추는 것이 아니라 현실적인 매출 목표를 설정한다.

10

창업 전 실전 테스트 통해
시장 반응 알아보기

· · · · · ·

소규모 테스트로 시장 반응 확인 ─────

창업을 준비할 때 저지르기 쉬운 실수 중 하나는 제품이나 서비스를 충분히 테스트하지 않고 바로 시장에 내놓는 것이다. 창업자는 자신의 아이디어가 성공할 것이라고 믿지만, 실제 시장에서의 반응은 다를 수 있다. 이를 방지하기 위해 본격적인 창업 전에 소규모 테스트를 통해 시장 반응을 확인하고 개선하는 과정이 필요하다.

사업을 시작하기 전에 최소한의 비용으로 고객 반응을 체크하는 것이 중요하다. 이를 위해 여러 가지 방법을 활용할 수 있다.

첫 번째, 온라인 플랫폼을 활용하는 것이다. SNS나 온라인 커뮤니티에서 시범 운영을 진행하면 실제 고객의 반응을 쉽게 확인할 수 있다. 네이버 블로그나 인스타그램을 통해 제품이나 서비스를 홍보하고, 고객이 직접 주문할 수 있도록 하는 방식이다.

음식점 창업의 경우에는 배달 플랫폼에서 작은 규모로 먼저 시작하거나 특정 지역에서 한정된 주문을 받아보는 것도 좋은 방법이다.

두 번째, 팝업스토어나 플리마켓을 활용하는 것이다. 오프라인 기반 사업을 계획하고 있다면 일정 기간 팝업스토어를 운영하며 고객 반응을 체크해본다.

배달 음식점 창업의 경우에는 공유 주방을 빌려 특정 기간 운영해보면서 고객들의 피드백을 받을 수 있다. 이러한 방식은 임대료와 초기 비용을 최소화하면서도 실제 고객을 직접 만나는 기회가 된다.

사전 예약 및 파일럿 판매를 진행하는 방법도 있다. 제품을 대량 생산하기 전에 일정 수량만 제작하여 사전 주문을 받아보는 것이다. 고객이 실제로 구매할 의향이 있는지 확인할 수 있고, 예상보다 반응이 좋다면 추가 생산을 결정할 수 있다. 반대로 반응이 좋지 않다면 제품을 개선할 기회가 된다.

고객 피드백 분석과 반영

실전 테스트를 진행하는 목적은 단순한 매출 향상을 위한 것만이 아니라 고객의 솔직한 피드백을 분석하고 사업 모델을 보완하는 것이다. 테스트 과정에서 고객이 공통으로 지적하는 문제점을 발견하면 이를 반드시 개선해야 한다.

예를 들어 음식 배달 사업을 테스트하는 과정에서 '양이 부족하다'는 의견이 많이 나오면, 메뉴 구성을 변경하거나 가격 대비 가치를 높이는 전략이 필요하다. '포장 상태가 좋지 않다'는 피드백이 있다면 패키징을 개선해야 한다. 고객이 남기는 부정적인 피드백은 창업 초기의 시행착오를 줄이는 중요한 자료가 된다.

아울러 적절한 가격 설정을 위한 테스트가 필요하다. 제품이나 서비스의 판매 가격이 너무 높으면 고객이 쉽게 외면할 수 있고, 너무 낮으면 손익분기점을 맞추기 어렵다. 테스트 과정에서 고객이 가격에 대해 어떻게 반응하는지 체크하고, 경쟁업체와 비교해 적절한 가격을 설정해야 한다.

테스트 결과 반영하여 창업 전략 수정

테스트에서 긍정적인 반응을 얻었다면, 이제 본격적인 창업을 준비할 차례다. 그러나 단순히 '반응이 좋다'는 것만으로 창업을 바로 시작해서는 안 된다. 테스트 결과를 바탕으로 사업 규모와 전략을 조정해야 한다.

창업 준비 목적으로 팝업스토어를 운영했는데, 하루 평균 50명의 고객이 방문했다면 실제 창업 후에도 비슷한 수요가 있을 것으로 예상할 수 있다. 반대로 예상보다 반응이 저조했다면 창업 초기에는 규모를 줄이고 작은 형태로 시작하는 것이 안전하다.

또한 테스트 과정에서 효과적이었던 마케팅 방식을 본격적으로 확대해야 한다. 인스타그램 광고를 활용했을 때 고객 반응이 좋았다면 창업 후에도 SNS 마케팅을 적극적으로 활용하는 것이 바람직하다.

사업 모델을 최적화하는 과정에서 테스트 결과가 기대에 미치지 못하면 완전히 다른 전략을 시도해야 한다. 오프라인 매장을 고려했지만 온라인 주문이 훨씬 효과적이었다면 먼저 온라인 판매를 집중적으로 진행하는 것도 하나의 방법이다.

핵심 정리

- 창업 전에 소규모 테스트를 통해 시장 반응을 반드시 확인한다.
- 실전 테스트로 고객 피드백을 분석하여 제품, 서비스, 가격 등을 보완한다.
- 테스트 결과를 바탕으로 창업 규모와 마케팅 전략을 조정한다.

창업 자금과
재무 관리

· · · · ·

01

창업 비용,
얼마가 필요할까?

· · · · · ·

창업 비용을 결정하는 주요 요소 ─────────

창업 비용은 단순히 점포 임대료나 인테리어 비용뿐만 아니라 초기 재고비, 마케팅 비용, 운영자금까지 포함해야 한다. 창업 비용은 업종과 사업 모델에 따라 크게 달라진다. 일반적으로 창업 비용을 결정하는 요소는 다음과 같다.

첫 번째는 업종과 사업 방식이다. 오프라인 매장을 운영하는 경우에는 점포 임대료, 시설 비용, 매장 인테리어 비용 등이 발생하고, 온라인 창업의 경우에는 플랫폼 수수료, 마케팅 비용, 초기 재고 비용 등이 주요 항목이 된다. 예를 들어 음식점 창업은 주방 설비와 인테리어에 많은 비용이 들어가지만, 1인 온라인 쇼핑몰은 상대적으로 적은 비용으로 시작할 수 있다.

두 번째는 사업 규모와 초기 투자금이다. 작은 규모로 창업할지, 브랜드를 키워 프랜차이즈화할지에 따라 초기 비용이 다르다. 예를 들어 배달 전문 음식점은 소형 주방에서 시작할 수 있지만, 제대로 된 오프라인 매장을 운영하려면 초기 투자 비용이 수천만 원에서 수억 원까지 필요하다.

세 번째는 운영자금과 마케팅 비용이다. 창업 초기에는 매출이 안정적으로 발생하지 않기 때문에 최소 6개월에서 1년 동안 운영할 수 있는 자금을 확보해야 한다. 특히 오프라인 매장의 경우 초기에는 광고비와 홍보비가 많이 들어갈 수밖에 없다. 따라서 창업 전 예상 매출과 운영 비용을 고려하여 충분한 유동성을 확보해야 한다.

창업 비용의 평균적인 범위

창업 비용은 업종에 따라 큰 차이를 보이지만, 일반적으로 다음과 같은 평균 비용이 소요된다.

❶ 소규모 자영업(1인 창업)
- 온라인 쇼핑몰, 배달 전문점, 무인 매장 등
- 초기 비용: 500~3,000만 원
- 주요 비용: 초기 재고비, 온라인 마케팅 비용, 플랫폼 수수료

❷ 소형 오프라인 매장
- 카페, 소형 음식점, 편의점 등

- 초기 비용: 5,000만 원~1억 원
- 주요 비용: 점포 임대료, 인테리어비, 시설비, 초도 물품 구매비

❸ 중대형 매장 및 프랜차이즈 창업

- 대형 음식점, 의류 매장, 베이커리 등
- 초기 비용: 1~3억 원 이상
- 주요 비용: 상권 내 입점 비용, 인테리어비, 브랜드 로열티, 인건비

위 금액은 평균적인 수준일 뿐이며 상권과 업종, 매장의 크기에 따라 달라진다. 따라서 창업자는 본인의 사업 모델에 맞게 예상 비용을 세부적으로 설정해야 한다.

초기 창업 비용 절감 전략

창업 비용을 최소화하는 것은 초기 사업의 안정성을 높이는 핵심 요소로서 그 방법은 다음과 같다.

첫 번째는 소규모로 시작하는 것이다. 초기 투자 비용을 줄이기 위해 작은 공간에서 시작하거나 배달 전문점으로 먼저 운영하면서 사업성을 테스트한다. 카페 창업을 고민한다면 1인 테이크아웃 전문점으로 시작한 후 매출이 안정되면 확장하는 것이 안전한 전략이 될 수 있다.

두 번째는 중고 장비와 저비용 옵션을 활용하는 것이다. 창업 초기에는 모든 것을 새롭게 구입하기보다는 중고 장비를 활용하거나 저렴

한 대체재를 찾는 것이 중요하다. 음식점 창업 시 새 주방 기구를 구매하는 대신 중고 매장을 활용하면 상당한 비용을 절감할 수 있다.

세 번째는 불필요한 비용을 최소화하는 것이다. 꼭 필요한 요소만 유지하고 최소한의 예산으로 운영할 수 있는 방법을 고민해야 한다. 예를 들어 가게의 로고나 디자인을 제작해야 한다면 외주 업체에 맡기기보다는 무료 디자인 툴을 활용하는 것도 방법이다.

핵심 정리

◎ 창업 비용은 업종과 사업 방식에 따라 크게 달라진다.

◎ 최소 6개월~1년 동안 운영할 수 있는 자금을 확보한다.

◎ 초기 비용 절감을 위해 소규모로 시작하고, 중고 장비 및 저비용 옵션을 활용한다.

02

창업 비용을 구성하는
주요 항목 분석

· · · · · ·

고정 비용과 변동 비용의 이해

앞서 이야기했듯이 창업 비용은 운영자금, 임대료, 마케팅비, 초기 재고비뿐만 아니라 각종 세금과 행정 비용까지 포함된다. 따라서 창업을 준비하는 과정에서 어떤 항목에 얼마나 예산을 배분해야 하는지 철저히 분석해야 한다.

창업 비용을 효과적으로 관리하기 위해서는 고정 비용과 변동 비용을 명확하게 구분하는 것이 중요하다.

고정 비용은 매달 일정하게 지출되는 비용을 의미한다. 대표적으로 임대료, 인건비, 대출 이자, 각종 세금 등이 이에 해당한다. 이 비용은 매출과 관계없이 꾸준히 나가기 때문에 창업 전에 충분히 고려해야 한다. 특히 점포를 운영하는 경우 임대료는 창업 비용 중 가장 큰 비중을 차지할 수 있으므로 적정한 수준으로 조절하는 것이 중요하다.

반면, 변동 비용은 매출에 따라 변하는 비용이다. 대표적으로 원재료비, 마케팅 비용, 플랫폼 수수료, 전기·수도 요금 등이 있다. 특히 음식점이나 카페를 운영하는 경우에는 원재료비 비중이 높아지므로 식자재 관리와 낭비 최소화가 중요하다.

창업 비용의 주요 항목

창업 비용은 사업 유형에 따라 다르게 구성되지만, 일반적으로 다음과 같은 항목이 포함된다.

❶ 임대료 및 인테리어 비용

오프라인 매장을 운영하는 경우에는 점포 임대료와 보증금이 창업 비용의 상당 부분을 차지한다. 서울 주요 상권의 소형 매장은 보증금만 수천만 원에서 수억 원에 이른다. 여기에 인테리어 비용까지 추가되면 창업 초기에 부담이 상당히 커진다. 따라서 창업자는 초기 인테리어 비용을 최소화하고, 임대 조건을 신중하게 검토해야 한다.

❷ 초기 재고 구입비 및 운영자금

초기 재고는 업종에 따라 필요 수준이 다르다. 의류, 생활용품 등의 오프라인 매장은 초도 물량 확보에 상당한 비용이 필요하지만, 주문 제작 방식의 사업은 상대적으로 부담이 적다. 운영자금은 창업 후 6개월~1년 동안 적자가 나더라도 버틸 수 있도록 충분히 확보해야 한다.

❸ 마케팅비 및 광고 비용

창업 초기에 고객을 확보하기 위한 마케팅 비용도 반드시 고려해야 한다. 요즘은 SNS, 온라인 광고가 중요한 역할을 하므로 인스타그램, 페이스북, 유튜브 등의 광고 비용을 미리 예산에 반영하는 것이 필요하다. 카페 창업의 경우에는 인플루언서 마케팅을 활용하면 초기 고객 확보에 효과적이다.

❹ 인건비 및 행정 비용

직원을 고용하면 급여뿐만 아니라 4대 보험, 퇴직금, 세금 등의 추가 비용이 발생한다. 따라서 초기에는 혼자 운영할 수 있는 구조를 고려하거나 최소한의 인력으로 시작하는 전략이 필요하다. 대표적인 행정 비용으로 사업자 등록비, 세무·법무 관련 수수료, 카드 단말기 설치비 등이 있다. 사업자 등록 시 필요한 인지세, 세무 대행 수수료, 법무 관련 공증 비용 등은 초기 비용 부담이 될 수 있으므로 미리 확인하고 예산을 마련하는 것도 중요하다. 카드 단말기 초기 설치비와 유지비, 결제 수수료 등도 사업 운영 비용에 영향을 미칠 수 있다.

창업 비용을 효율적으로 관리하는 방법 ───────

창업 비용을 효율적으로 관리하려면 각 항목별로 예상 지출을 구체적으로 계획하고, 불필요한 지출을 최소화해야 한다.

첫째, 임대료가 높은 지역보다는 임대 조건이 유리한 곳을 찾는 것이 중요하다. 특히 상권 분석을 철저히 하고, 목적에 맞는 입지를 선정해야 한다. 유동인구가 많지만 임대료가 상대적으로 저렴한 지역을 찾거나 공유 오피스와 같은 대안을 고려한다.

둘째, 초기 재고를 최소화하고 고객 반응을 먼저 테스트해본다. 창업 초기에는 대량 구매보다는 소량으로 테스트하여 판매 데이터를 확보한 후 점진적으로 늘려가는 전략이 안정적이다.

셋째, 마케팅 비용을 효과적으로 배분해야 한다. 무조건 많은 예산을 투입하는 것보다 SNS 홍보, 블로그 마케팅, 입소문 효과를 극대화할 수 있는 전략을 활용하는 것이 효율적이다. 무료 체험 이벤트나 할인 프로모션을 활용하면 초기 고객을 확보하는 데 도움이 된다.

핵심 정리

◎ 창업 비용은 고정 비용과 변동 비용을 구분하여 체계적으로 관리한다.

◎ 임대료, 초기 재고 구입비, 마케팅비, 인건비 등이 주요 창업 비용 항목에 포함된다.

◎ 불필요한 창업 비용을 줄이고 초기 운영자금을 충분히 확보한다.

03

창업 자금을 마련하는 다양한 방법

· · · · · ·

자기자본을 활용한 창업

창업에는 일정한 자금이 필요하지만, 모든 창업자가 충분한 자금을 보유하고 있는 것은 아니다. 따라서 다양한 자금 조달 방법을 이해하고, 본인의 상황에 맞는 최적의 방법을 선택하는 것이 중요하다. 창업 자금은 단순히 마련하는 것뿐만 아니라 어떤 방식으로 조달하느냐에 따라 사업의 안정성과 성장 가능성에 큰 영향을 미친다.

자기자본은 가장 안정적인 창업 자금 조달 방법이다. 대출이나 외부 투자 없이 자신의 돈으로 창업하는 방식으로, 부담이 적고 경영권을 온전히 유지할 수 있는 장점이 있다.

창업자는 보통 자신의 재산, 저축, 퇴직금 등을 활용하여 창업 비용을 마련한다. 소규모 창업이나 온라인 창업은 초기 투자 비용을 최소화하여 자기자본만으로 시작하는 것이 가능하다. 1인 온라인 쇼핑몰,

배달 전문점 등의 사업 모델은 상대적으로 낮은 초기 투자 비용이 든다.

하지만 자기자본만으로 창업을 진행할 경우에는 사업이 예상보다 길어지거나 예상치 못한 비용이 발생했을 때 대응하기 어려울 수 있다. 따라서 창업자는 초기 창업 비용뿐만 아니라 최소 6개월~1년간의 운영자금을 확보할 수 있는 방안을 마련해야 한다.

대출을 통한 창업 자금 조달

자기자본만으로 창업이 어려울 경우에는 대출을 통해 창업 자금을 마련할 수 있다. 대출에는 정부 지원 대출, 은행권 대출, 신용 대출 등 다양한 방식이 있으며, 각자의 상황에 맞는 방법을 선택한다.

❶ 정부 창업 지원 대출

정부에서 운영하는 창업 지원 프로그램을 활용하면 저금리 대출을 받을 수 있다. 예를 들어 소상공인시장진흥공단에서 운영하는 창업 대출, 중소기업진흥공단의 창업 자금 지원 프로그램 등이 있다. 이들 대출은 금리가 낮고 상환 기간이 길어 부담이 적다는 장점이 있다.

❷ 은행 및 신용 대출

신용등급이 우수한 창업자는 은행 대출을 활용하면 된다. 일반적으로 신용 대출은 담보 없이 받을 수 있지만, 금리가 높고 상환 부담이 크므로 신중한 계획이 필요하다.

❸ 보증기관을 통한 대출

담보가 부족하면 신용보증기금이나 기술보증기금과 같은 기관을 통해 대출을 받을 수 있다. 이러한 기관은 일정 부분 보증을 서주어 창업자가 보다 유리한 조건으로 대출을 받을 수 있도록 지원한다.

투자를 통한 창업 자금 확보

외부 투자를 유치하는 것도 창업 자금을 마련하는 방법 중 하나이다. 특히 혁신적인 사업 아이템이나 빠른 성장이 기대되는 사업 모델이라면 투자 유치를 통해 창업 초기 자금을 조달할 수 있다.

❶ 엔젤 투자 및 벤처 캐피털(VC) 투자

스타트업이나 기술 기반 창업은 엔젤 투자자나 벤처 캐피털의 투자를 받을 수 있다. 이들은 성장 가능성이 높은 기업에 투자하며, 자금뿐만 아니라 경영 노하우와 네트워크도 제공하는 경우가 많다.

❷ 크라우드 펀딩

최근에는 크라우드 펀딩을 활용하여 창업 자금을 모집하는 사례가 증가하고 있다. 크라우드 펀딩은 일반 대중에게 사업 아이디어를 소개하고 관심 있는 사람들로부터 소액 투자를 받는 방식이다. 와디즈, 텀블벅과 같은 플랫폼이 대표적이며, 신제품 개발이나 콘텐츠 기반 사업에서 효과적인 방법으로 활용되고 있다.

❸ 지인 투자

가족이나 친한 지인으로부터 투자금을 조달하는 것도 한 가지 방법이다. 다만, 사업이 실패했을 때에는 관계가 악화될 수 있으므로 계약서를 작성하고 투자 조건을 명확히 하는 것이 중요하다.

자금 조달 시 주의할 점

창업 자금을 마련하는 과정에서 주의해야 할 점이 있는데, 자금 조달 방식에 따라 경영권이 달라질 수 있다는 것이다. 대출은 상환 부담은 있지만 경영권을 유지할 수 있는 반면, 투자 유치를 하면 투자자의 요구를 반영해야 할 수도 있다.

　대출로 자금을 조달할 경우에는 무리한 금액을 빌리지 않는 것이 중요하다. 창업 초기에는 예상치 못한 비용이 발생할 수 있으므로 반드시 손익분기점 분석을 통해 대출 상환 가능성을 충분히 고려해야 한다.

핵심 정리

◉ 창업 자금은 자기자본, 대출, 투자 등 다양한 방법을 통해 마련한다.

◉ 무리한 금액을 대출받지 않고, 정부 지원 대출을 적극 활용한다.

◉ 투자 유치를 고려할 경우에는 경영권과 사업 운영 방식에 미칠 영향을 신중히 검토한다.

04

정부 창업 지원금과
대출 활용 방법

· · · · · ·

정부 창업 지원금의 종류와 활용 방법

정부 창업 지원금은 창업자가 초기 자금을 조달할 수 있도록 도와주는 제도로서, 사업 목적에 맞게 사용해야 하며 사용 내역을 관리해야 한다.

대표적인 지원금으로 중소벤처기업부의 '예비창업패키지'가 있다. 이 제도는 창업 경험이 없는 예비 창업자를 대상으로 사업화 자금을 지원하며, 창업 교육과 멘토링까지 함께 제공하는 프로그램이다. 이 지원금을 받기 위해서는 창업 아이템에 대한 사업계획서를 제출하고 전문가 심사를 통과해야 한다.

또 다른 주요 지원금으로는 소상공인시장진흥공단에서 운영하는 '소상공인 창업 지원금'이 있다. 이 프로그램은 소규모 사업을 준비하는 창업자를 대상으로 초기 자금을 지원하며, 창업 교육을 필히 이수해야 한다. 음식점, 편의점, 미용실 등 생활밀착형 업종을 준비하는 창업자들이 많이 활용한다.

이 외에도 청년 및 여성 창업자들을 위한 맞춤형 지원금도 있다. '청년 창업 지원금'은 만 39세 이하 창업자를 대상으로 하며, '여성 창업 지원금'은 여성 창업자의 자립을 돕기 위해 운영된다. 특히 여성 창업자는 육아 병행 창업을 고려하는 사례가 많아 일정 부분 정책적 배려가 이루어지고 있다.

정부 지원금을 신청하려면 지원 대상과 조건을 사전에 확인하고, 사업계획서와 재무 계획을 철저히 준비해야 한다. 서류 준비 부족으로 심사에서 탈락하는 경우가 많으므로 지원기관의 상담을 받거나 창업 전문가의 도움을 받는 것도 좋은 방법이다.

정부 정책 대출 활용 방법

창업 지원금만으로 충분한 자금을 확보하기 어려우면 정부 정책 대출을 활용한다. 정책 대출은 일반 은행 대출보다 금리가 낮고 상환 기간이 길어 창업자의 부담을 줄여준다.

많이 활용되는 대출 중 하나는 소상공인시장진흥공단의 '소상공인 창업 대출'이다. 이 대출은 소상공인을 대상으로 하며, 금리가 일반 은행 대출보다 낮고, 장기 상환이 가능하다는 장점이 있다. 연 2~3%의 저금리로 대출을 받을 수 있으며, 상환 기간도 최대 7년까지 설정 가능하다.

담보가 부족한 창업자를 위한 대출 프로그램도 있다. 신용보증기금이나 기술보증기금을 통해 보증서를 발급받으면 은행에서 대출받을 기회가 늘어난다. 담보가 없는 경우라도 보증기관의 심사를 통과하면 대출 승인 가능성이 커진다.

청년 창업자라면 중소기업진흥공단에서 제공하는 '청년전용창업자금'을 고려해볼 수 있다. 이 대출은 만 39세 이하의 청년 창업자를 대상으로 하며, 일정한 심사를 거쳐 대출이 승인된다. 청년전용창업자금은 초기 거치 기간이 길어 창업 초기에 매출이 안정화될 때까지 상환 부담을 줄일 수 있는 장점이 있다.

정부 지원금과 대출을 활용할 때 주의할 점 ─────────

정부 지원금과 대출은 창업자들에게 큰 도움이 되지만, 무조건적인 수혜를 기대하기보다는 철저한 준비와 전략이 필요하다.

정부 지원금은 특정 용도로만 사용해야 한다. 사업 운영 비용, 장비 구매, 마케팅 비용 등으로 사용할 수 있지만, 개인 생활비나 사업 외에 다른 목적으로 사용할 경우에는 문제가 된다. 정부 지원금을 부적절하게 사용하면 반환 요구를 받을 수 있으므로 자금 사용 계획을 명확히 세워야 한다.

정책 대출을 받을 때는 무리한 금액을 빌리지 않도록 주의해야 한다. 창업 초기에는 매출이 안정되지 않은 상태이므로 과도한 대출은 상환 부담을 높이고 사업 운영을 어렵게 만들 수 있다. 따라서 예상 손익분기점을 철저히 분석하고, 감당할 수 있는 수준의 대출만 받는 것이 중요하다.

지원금과 대출을 조합하여 활용하는 것도 효과적인 방법이다. 초기 창업 비용 중 일부는 지원금을 통해 충당하고, 부족한 금액은 저금리 정책 대출로 보완하는 전략이 유용하다. 특히 창업 후 첫 1년 동안은 자금운영이 중요한 시기이므로 현금흐름을 철저히 관리해야 한다.

핵심 정리

⊘ 정부 창업 지원금은 반환할 필요가 없지만, 사용 목적이 제한되므로 신중하게 계획한다.

⊘ 정책 대출은 금리가 낮고 상환 기간이 길어 부담이 줄지만, 무리한 대출은 피한다.

⊘ 소상공인 창업 대출, 신용보증기금, 청년 창업 대출 등 다양한 옵션을 비교하여 본인에게 맞는 방안을 선택한다.

⊘ 지원금과 대출을 조합해서 활용하여 창업 초기의 자금 부담을 최소화한다.

05

사업자 대출을 받을 때 주의할 사항

· · · · · ·

대출 가능 금액과 상환 계획을 철저히 검토한다 ──

창업을 준비하는 과정에서 자금 확보는 큰 고민 중 하나다. 특히 자본이 부족한 예비 창업자들은 정부 정책 대출이나 은행 대출을 통해 초기 자금을 조달하는 경우가 많다. 하지만 무작정 대출을 받았다가 상환 부담으로 인해 사업이 흔들리는 경우도 적지 않다.

따라서 대출을 신청하기 전 충분한 검토와 계획이 필요하며, 창업 이후 안정적인 재무 관리를 위해 신중한 접근이 필요하다.

사업자 대출을 받을 때 무엇보다 중요한 점은 자신이 감당할 수 있는 대출 금액을 정확히 파악하는 것이다. 많은 예비 창업자가 초기 자금을 충분히 확보하려고 필요 이상으로 과도한 대출을 받는 실수를 저지른다. 하지만 대출을 받는 순간부터 일정한 금액을 상환해야 하므로 창업 초기 매출이 안정되지 않은 상태에서는 대출 상환이 심각한 부담으로 작용한다.

대출을 신청하기 전에 먼저 사업의 예상 창업 비용과 운영자금을 산출해야 한다. 창업 초기에는 고정비(임대료, 인건비 등)와 변동비(원자재 비용, 마케팅 비용 등) 등 다양한 지출 항목이 존재하므로 예상 매출과 비용을 신중하게 계산해야 한다. 최소 6개월~1년간 안정적인 사업 운영이 가능할 만큼의 자금을 확보한 후에 부족한 금액을 대출로 충당하는 것이 바람직하다.

대출을 받을 때는 반드시 금액뿐만 아니라 상환 기간과 이자율도 함께 고려해야 한다. 일반적으로 상환 기간이 길수록 매달 갚을 금액은 줄어들지만, 총 이자비용은 증가한다. 따라서 단순히 대출 금액만 보고 신청할 것이 아니라, 사업 운영 중 부담 없이 갚을 수 있는 금액과 기간을 설정하는 것이 중요하다.

정부 정책 대출과 일반 은행 대출의 차이를 이해한다 ——

대출을 받을 때는 정부 정책 대출과 일반 은행 대출의 차이를 명확히 이해하고 선택해야 한다. 정부 정책 대출은 금리가 낮고 창업자에게 유리한 조건을 제공하지만, 심사 과정이 까다롭고 시간이 오래 걸릴 수 있다. 반면, 일반 은행 대출은 심사 과정이 빠르지만 금리가 상대적으로 높고 담보나 보증이 필요할 수 있다.

대표적인 정부 정책 대출로는 소상공인시장진흥공단의 '소상공인 창업 대출'이 있다. 금리가 2~3%대로 낮고 상환 기간이 길어 초기 창업자들이 많이 활용한다. 하지만 사업계획서를 제출해야 하고, 심사 과정이 길어 최대 몇 개월까지 걸릴 수 있다.

신용 보증이 부족한 창업자는 신용보증기금이나 기술보증기금을 활용하여 대출을 받을 수 있다. 이러한 보증기관을 이용하면 일반 은행 대출보다 낮은 금리로 대출을 받을 수 있으며, 담보가 없어도 대출이 가능하다는 장점이 있다.

일반 은행 대출은 상대적으로 빠르게 받을 수 있지만, 금리가 높고 심사 기준이 엄격하다. 특히 신용등급이 낮거나 담보가 부족한 경우에는 대출 승인이 어렵다.

따라서 정부 정책 대출과 은행 대출을 비교하여 본인의 상황에 맞는 대출 방식을 선택하는 것이 중요하다.

대출을 신청할 때 반드시 피해야 할 실수

사업자 대출을 받을 때 피해야 할 실수 중 하나는 단기적인 자금 문제 해결을 위해 무리한 대출을 받는 것이다. 대출을 받을 때는 사업의 장기적인 성장 가능성을 고려해야 하며, 당장 급한 돈을 해결하기 위해 높은 금리의 대출을 받는 것은 위험하다.

대출 조건을 제대로 확인하지 않고 서둘러 계약하는 것도 흔한 실수다. 대출 계약서에는 상환 일정, 이자율, 연체 시 발생하는 페널티 등이 명시되어 있는데, 이를 꼼꼼히 읽지 않고 서명하면 예상치 못한 부담이 생긴다. 특히 초기에는 이자율이 낮다가 일정 기간 이후부터 급격히 상승하는 '변동금리 대출'은 신중하게 선택해야 한다.

대출을 여러 곳에서 무리하게 받는 것도 위험하다. 한 곳에서 만족할 만한 대출을 승인받지 못하면 다른 금융기관에서 추가 대출을 받으려는 경우가 있는데, 이렇게 되면 부채가 누적되어 갚기 어려운 상황에 처한다.

대출을 받을 때는 필요한 자금 규모를 철저히 계산하고, 한 곳에서 필요한 금액을 최대한 해결하는 것이 바람직하다.

핵심 정리

◎ 대출을 받기 전에 예상 매출과 운영 비용을 철저히 분석하여 상환 계획을 세운다.

◎ 정부 정책 대출은 금리가 낮고 조건이 좋지만 심사가 오래 걸릴 수 있다. 반면, 일반 은행 대출은 심사가 빠르지만 금리가 높고 담보가 필요할 수 있다.

◎ 대출 조건을 꼼꼼히 확인하고, 단기적인 자금 해결을 위해 무리한 대출을 받지 않는다.

◎ 변동금리 대출이나 중복 대출을 받는 것은 위험할 수 있으므로 신중히 선택한다.

06

창업 초기 비용을
줄이는 실전 전략

. . . . . .

필수 지출과 선택적 지출 구분

창업을 준비할 때 부담되는 요소 중 하나가 바로 초기 비용이다. 충분한 자본이 있으면 문제없겠지만, 대부분 소상공인은 한정된 예산으로 창업을 시작한다.

불필요한 지출을 줄이고, 꼭 필요한 곳에만 비용을 투자하는 것이 성공적인 창업의 첫걸음이다. 효과적인 비용 절감 전략을 세우면 창업 초기의 자금 부담을 줄일 수 있고, 사업이 안정될 때까지 운영할 수 있는 재무적 여유도 확보할 수 있다.

먼저 창업 준비 과정에서 고려할 비용 항목을 필수 지출과 선택적 지출로 구분해야 한다. 필수 지출이란 사업 운영을 위해 반드시 필요한 비용이며, 선택적 지출은 사업이 성장한 후 추가적으로 고려하는 비용이다.

창업 준비를 위한 행정·세무 비용, 기본적인 인테리어비, 초기 재고 구입비, 마케팅비 등은 필수 지출에 해당한다. 하지만 지나치게 화려한 인테리어나 고급 장비, 불필요한 직원 채용 등은 창업 초기에는 선택적 지출로 볼 수 있다.

오프라인 점포는 입지를 어느 곳으로 선정에 따라 임대료가 크게 차이가 난다. 무조건 유동인구가 많은 곳을 선택하기보다는 직접 발품을 팔아 비용 대비 효율이 높은 곳을 찾는 것이 중요하다.

임대료와 보증금이 비싼 1층 점포 대신 공유 오피스나 오프라인 매장과 온라인 판매를 병행할 수 있는 형태를 고려하면 창업 초기 비용을 절감할 수 있다.

초기 투자 비용을 최소화하는 방법

창업 비용을 줄이려면 적은 자본으로도 효과적인 운영이 가능한 방안을 찾아야 한다. 창업 초기에는 반드시 새 제품이나 시설을 사용할 필요가 없다. 중고 장비 활용, 렌탈 서비스, 협업 공간 활용 등을 고려하면 큰 비용을 아낄 수 있다.

중고 장비를 적극 활용하는 것도 좋은 전략이다. 카페를 창업할 경우, 중고로 에스프레소 머신이나 제빙기를 구매하면 새 제품 대비 50% 이상 비용을 절감할 수 있다. 창업을 준비하는 단계에서 설비 렌탈 서비스를 이용하면 초기 투자 비용을 줄이면서도 사업을 운영할 수 있다.

사무실이 필요한 경우라면 개인 사무실을 임대하는 대신 공유 오피스를 활용하는 것도 비용 절감에 도움이 된다. 공유 오피스는 보증금 부담이 적고, 기본적인 사무용품과 회의 공간이 제공되므로 창업 초기 운영 비용을 크게 줄일 수 있다.

마케팅 비용도 초기에는 최소한으로 운영하는 것이 좋다. SNS, 블로그, 유튜브 같은 무료 홍보 채널을 적극적으로 활용하면 별도의 광고비를 들이지 않고도 고객을 확보할 수 있다.

고정비는 낮추고 운영비는 유연하게 관리한다

창업 초기에는 고정비보다 변동비 중심으로 운영하는 것이 재무적으로 유리하다. 고정비가 많아지면 매달 일정 금액을 고정적으로 지출해야 하기 때문에 매출과 수익이 불안정한 창업 초기에는 상당한 부담으로 다가온다.

인건비를 줄이기 위해서 초기에는 가족이나 지인의 도움을 받아 운영하거나, 필요한 경우 시간제 직원(아르바이트)을 활용하는 것이 좋다. 정규직 직원을 너무 빨리 고용하면 급여 지급 부담이 커지기 때문이다.

상품 재고를 최소화하는 것도 비용 절감에 도움이 된다. 옷가게를 창업하는 경우라면 처음부터 대량의 재고를 보유하기보다는 소량 주문 후 고객 반응을 분석해 보고 추가 생산하는 방식으로 운영하는 것이 안전하다.

아울러 운영비를 절감하기 위해서는 전력 소비를 줄이는 것도 고려해야 한다. LED 조명 교체, 에너지 절약형 장비 사용, 필요 없는 전기 절약 등은 사소한 부분 같지만 장기적으로 보면 상당한 비용 절감 효과를 가져온다.

핵심 정리

◎ 창업 비용을 필수 지출과 선택적 지출로 나누고, 반드시 필요한 항목에 예산을 집중한다.

◎ 중고 장비 활용, 렌탈 서비스, 공유 오피스 이용 등을 통해 초기 투자 비용을 최소화한다.

◎ 고정비를 줄이고 변동비 중심으로 운영하여 매출 변동에 유연하게 대응한다.

◎ 초기 마케팅 비용은 SNS와 블로그 같은 무료 채널을 활용하여 최소한으로 지출한다.

07

예상보다 초기 비용이
초과했을 때 대처 방법

· · · · · ·

비용 초과 원인을 정확히 파악한다 ─────

실제 사업을 진행하다 보면 예상치 못한 지출이 발생하기 마련이며, 이에 적절하게 대응하지 못하면 자금 흐름에 큰 차질이 생긴다.

비용이 예상보다 초과했을 때는 우선 그 원인을 정확히 파악해야 한다. 단순히 '돈이 많이 들었다'는 막연한 생각이 아니라 어떤 항목에서 초과 비용이 발생했는지 구체적으로 분석해야 한다.

가장 흔한 비용 초과 원인은 초기 투자 비용의 과다 지출이다. 사업 초기에는 불확실성이 크기 때문에 필수적인 비용과 선택적인 비용을 명확히 구분하지 않으면 불필요한 항목에 자금을 과하게 사용하게 된다. 예를 들어 고급 인테리어, 불필요한 장비, 지나치게 넓은 매장 임대 등이 예상보다 많은 비용을 차지하는 경우가 많다.

변동 비용이 예상보다 높게 발생하기도 한다. 원자재 가격 상승, 예상보다 높은 세금, 마케팅 비용 증가 등이 주요 원인이다. 이런 경우에는 각 비용 항목을 세분화하여 어디에서 조정이 가능한지를 분석해야 한다.

비용 절감을 위한 긴급 조정 전략을 세운다 ────────

비용이 초과했다면 즉시 실행할 수 있는 비용 절감 전략을 마련해야 한다. 무조건적인 지출 축소가 아니라 사업 운영에 지장을 주지 않으면서도 효과적으로 조정할 방법을 찾아야 한다.

고정비는 절감이 가능하다면 먼저 고려할 대상이다. 매장 임대료가 부담되면 임대 계약을 재조정하거나 협상하여 일정 기간 할인받을 수 있는지 확인한다. 인건비가 과도한 경우라면 정규직보다는 아르바이트나 단기 계약직을 활용하여 부담을 줄인다.

소모품이나 원자재 비용을 줄이는 것도 중요한 전략이다. 공급업체와 협상하여 단가를 낮추거나 저렴한 대체 원자재를 찾는 것도 한 방법이다.

마케팅 비용도 조정이 가능하다. 유료 광고를 줄이고 인스타그램, 블로그 등 SNS를 통한 무료 홍보 방법을 적극 활용하면 비용을 줄이면서도 마케팅 효과를 유지할 수 있다. 지역 커뮤니티나 맘카페, 단골고객을 활용한 입소문 마케팅도 효과적인 저비용 홍보 전략이 된다.

이처럼 고정비와 변동비 모두를 점검하고 조정해 나가는 것이 초기 창업자에게는 생존을 좌우할 수 있는 핵심 역량이다.

긴급 자금 확보 방안을 마련한다

비용 절감만으로 부족하다면 단기적으로 자금 확보를 위한 방법을 고려한다. 다만, 이 과정에서 무리한 대출을 받거나 부담스러운 금융상품을 이용하는 것은 피해야 한다.

먼저 긴급 자금 확보를 위해 정부 지원금을 활용한다. 소상공인진흥공단, 중소벤처기업부 등에서 소상공인을 위한 긴급 운영자금 지원 프로그램을 운영하므로 이에 대한 정보를 미리 파악해 두면 도움이 된다.

기존 거래처나 협력업체와의 관계를 활용하여 일시적인 외상 거래를 요청하는 것도 고려한다. 예를 들어 물품 대금을 미리 지급하지 않고 일정 기간 후에 납부할 수 있도록 협의하면 단기적인 자금 부담을 줄일 수 있다.

핵심 정리

◎ 예상보다 비용이 초과됐다면 먼저 초과 원인을 정확히 분석한다.

◎ 고정비 절감과 변동비 절감 전략을 세운다.

◎ 긴급 자금이 필요하면 정부 지원금이나 협력업체와의 외상 거래 등을 고려한다.

08

창업 후 운영자금의 필요성과 관리 방법

· · · · · ·

운영자금이 필요한 이유와 그 중요성

창업을 준비할 때 많은 창업자가 초기 투자 비용에만 집중하는 경향이 있다. 하지만 사업이 지속적으로 운영되기 위해서는 운영자금이 충분히 확보되어야 하며, 이를 체계적으로 관리해야 한다. 초기 비용이 아무리 적게 들더라도 운영자금이 부족하면 사업은 쉽게 흔들릴 수 있다.

운영자금은 사업이 원활하게 돌아가도록 만드는 필수 자금이다. 매출이 안정적으로 발생하기 전까지 임대료, 인건비, 원자재 비용, 마케팅 비용 등의 필수 지출을 감당하는 역할을 한다.

창업 초기에는 예상보다 매출이 저조할 가능성이 크기 때문에 운영자금을 충분히 확보하지 못하면 급하게 대출을 받거나 사업을 축소해야 하는 상황이 발생한다.

작은 카페를 창업한 경우를 생각해 보자. 커피 머신 구입비, 인테리어비 등 초기 투자 비용만 고려하고 운영자금을 충분히 확보하지 않았다면, 손님이 적은 초기 몇 개월 동안 임대료와 재료비를 감당하지 못해 어려움을 겪게 된다. 이는 소규모 음식점, 의류 매장, 온라인 쇼핑몰 등 다양한 업종에서도 동일하게 적용된다.

운영자금은 단순히 비용을 충당하는 역할뿐만 아니라 비즈니스가 성장하는 과정에서 새로운 기회를 잡을 수 있는 기반이 된다. 사업 운영 초반에 입소문을 타고 예상보다 주문량이 늘어나면 추가로 원자재를 구입하거나 새로운 직원을 채용해야 한다. 이때 운영자금이 충분하지 않으면 성장 기회를 놓치게 된다.

운영자금을 확보하는 현실적인 방법

운영자금을 확보하는 방법으로는 창업자의 상황에 따라 다를 수 있지만, 일반적으로 자기자본, 정부 지원금, 대출, 투자 유치 등이 있다.

가장 안정적인 방법은 자기자본을 충분히 확보하는 것이다. 예비 창업자는 최소한 6개월~1년 동안 매출이 기대만큼 나오지 않더라도 사업을 유지할 수 있도록 여유 자금을 마련하는 것이 좋다. 이 기간에는 초기 비용이 예상보다 많이 들고, 예상치 못한 지출이 발생할 가능성이 크기 때문이다.

정부 지원금과 창업 보조금도 운영자금을 확보하는 데 유용한 방법이다. 소상공인시장진흥공단, 중소벤처기업부 등의 기관에서는 창업 초기 운영자금을 지원하는 다양한 프로그램을 운영하고 있으며, 이를 적극적으로 활용하면 부담을 줄일 수 있다.

금융기관에서 제공하는 사업자 대출도 운영자금 확보를 위한 현실적인 방법 중 하나다. 하지만 대출을 받을 때는 반드시 상환 계획을 철저히 세워야 하며, 높은 이자율의 대출을 무리하게 받지 않도록 주의해야 한다.

운영자금을 효과적으로 관리하는 전략

운영자금을 확보하는 것도 중요하지만, 확보한 자금을 어떻게 관리하느냐가 사업의 지속 가능성을 결정한다. 창업 초기에는 불필요한 지출을 줄이고, 현금흐름을 원활하게 유지해야 한다.

첫째, 고정비와 변동비를 명확히 구분하고 계획적으로 운영해야 한다. 고정비는 매달 반드시 지출해야 하는 항목이므로 이를 먼저 확보해야 한다. 변동비는 매출 상황에 따라 조정할 수 있으므로 운영자금이 부족할 때는 이를 조절하는 것이 필요하다.

둘째, 비용을 절감할 수 있는 부분을 적극적으로 찾아야 한다. 불필요한 마케팅 비용을 줄이고 유튜브, 인스타그램과 같은 SNS의 무료 홍보 채널을 활용하면 상당한 비용 절감 효과를 볼 수 있다. 원자재 비용을 줄이기 위해 공급업체와 협상하여 대량 구매 할인이나 외상 거래 조건을 조정하는 것도 좋은 방법이다.

셋째, 현금흐름을 철저히 관리해야 한다. 운영자금이 부족한 창업자들은 흔히 현금흐름을 간과하는 경우가 많다. 사업을 지속적으로 운영하기 위해서는 매출이 발생하는 시점과 비용이 지출되는 시점을 조정하는 것이 중요하다. 매출이 늦게 발생하는데도 불구하고 고정비용이 조기에 지출된다면, 운영자금이 부족해질 가능성이 크다.

핵심 정리

- 창업 초기에는 매출과 수익이 저조할 수 있으므로 6개월~1년 치 운영자금을 확보한다.

- 운영자금 확보 방법으로는 자기자본 충당, 정부 지원금, 창업 대출 등이 있으며, 상황에 맞게 활용한다.

- 고정비와 변동비를 구분하고 지출을 최소화하는 전략을 통해 운영자금을 관리한다.

- 현금흐름을 철저히 관리하여 사업이 안정될 때까지 운영자금이 부족하지 않도록 한다.

09

창업 후 현금흐름을
안정적으로 유지하는 방법

· · · · · ·

고정비와 변동비를 구분하여 지출을 관리한다 ——

창업을 하면 대부분 창업자가 매출과 이익에 집중하지만, 사업이 지속 가능하려면 무엇보다 현금흐름이 안정적이어야 한다. 현금흐름이란 사업에서 들어오는 돈(매출)과 나가는 돈(운영 비용)의 균형을 의미한다. 쉽게 말해, 돈이 얼마나 들어오고 얼마나 나가는지를 파악하는 것이다.

아무리 매출이 높아도 현금이 부족하면 사업이 멈출 수 있다. 실제로 많은 소상공인이 매출보다 현금흐름 문제로 사업을 접는 경우가 많다. 이러한 현금흐름을 효율적으로 관리하면 사업의 생존 가능성을 높일 수 있다.

현금흐름을 안정적으로 유지하려면 비용 관리를 철저히 해야 하고, 고정비와 변동비를 명확히 구분해야 한다.

고정비는 매달 일정하게 나가는 비용으로 임대료, 인건비, 대출 상환금 및 이자, 보험료, 감가상각비 등이 포함된다. 이 비용은 사업의 지속성에 중요한 영향을 미치므로 가장 먼저 확보해야 한다. 특히 고정비 비중이 너무 높으면 매출이 줄어들었을 때 현금흐름이 빠르게 악화될 수 있다.

변동비는 매출과 연동되는 비용으로 원자재 구매비, 유틸리티 비용(사업 운영에 필수적인 기본 설비 비용을 의미한다. 주로 전기, 수도, 가스, 통신, 난방비 등이 포함되며, 매달 반복적으로 발생하는 변동비이다.), 마케팅 비용 등이 있다. 매출 상황에 따라 조정이 가능하므로 현금흐름이 불안정할 때는 지출을 조절하여 부담을 줄이는 것이 필요하다. 소규모 음식점이라면 고객 수요에 따라 식재료 주문량을 조정하여 불필요한 재고 비용을 줄여야 한다.

또한 모든 비용 항목을 분석하고 비효율적인 지출이 있는지 점검해야 한다. SNS 마케팅을 적극 활용하면 불필요한 광고비를 절감할 수 있고, 사무실 임대료를 낮추기 위해 공유 오피스를 활용도 검토해야 한다.

매출과 지출의 타이밍을 조정한다

현금흐름을 안정적으로 유지하기 위해서는 매출이 들어오는 시점과 지출이 나가는 시점을 조정해야 한다. 많은 창업자가 실수하는 부분이 매출이 발생하기 전에 너무 많은 지출을 해버리는 것이다.

도매업을 하는 소상공인의 경우, 제품을 먼저 매입하고 나중에 판매하는 구조라면 자금이 묶이는 시간이 길어진다. 이런 경우에는 공급업체와 협의하여 외상 구매나 결제 기한을 연장하는 방법을 고려해야 한다.

고객에게는 조기에 결제받을 수 있도록 다양한 결제 옵션을 제공하는 것도 좋은 전략이다. 선결제 할인 프로모션을 활용하면 고객이 미리 결제하도록 유도할 수 있다. 이렇게 하면 현금을 빠르게 확보하고 자금 운용의 유연성이 높아진다.

또한 현금흐름을 주 단위, 월 단위로 체크하면서 미래의 지출 계획을 미리 세우는 것이 중요하다. 지출 계획을 세우지 않으면 예상치 못한 자금 부족으로 인해 급하게 대출을 받거나 추가 비용을 발생시킬 위험이 크다.

비상자금을 마련하고 대출 관리를 철저히 한다 ————

사업을 운영하다 보면 예기치 않은 지출이 발생한다. 장비 고장, 원자재 가격 인상 등이 대표적인 사례다. 이런 돌발 상황에 대비하려면 미리 비상자금을 마련해 두어야 한다.

비상자금은 일반적으로 최소 3~6개월 치의 운영비를 확보해야 한다. 창업 초기에는 매출 변동이 크기 때문에 이 기간에는 안정적으로 사업을 운영할 수 있는 자금이 있어야 한다.

대출을 활용하는 경우에는 무리한 차입을 피하고 이자 부담을 최소화해야 한다. 운영자금 대출을 받을 때는 상환 계획을 철저히 세우고, 단기대출과 장기대출을 적절히 조합하여 현금흐름에 맞게 운용해야 한다.

신용 거래를 할 때는 거래처의 신뢰도를 철저히 검토해야 한다. 일부 창업자는 거래처와의 외상 거래를 통해 사업 규모를 확장하려고 하지만, 거래처가 대금을 지급하지 않으면 오히려 현금흐름이 더 악화된다.

핵심 정리

- ⦿ 고정비와 변동비를 명확히 구분하고, 불필요한 지출을 줄인다.
- ⦿ 매출과 지출의 타이밍을 조정하여 현금흐름을 안정적으로 유지한다.
- ⦿ 비상자금을 미리 확보하고, 대출을 활용할 경우에는 상환 계획을 철저히 세운다.
- ⦿ 거래처와의 신용 거래 시 리스크를 관리하고 선결제를 유도하여 현금을 빠르게 확보한다.

10

자금 조달 시
흔히 저지르는 실수

• • • • • •

무리한 대출과 과도한 신용 의존 ──────

자금 조달은 창업을 준비하는 과정에서 중요한 단계 중 하나다. 충분한 운영자금과 투자금을 확보하지 못하면 사업을 시작하기도 전에 흔들릴 수 있다.

많은 창업자가 초기 자금을 확보하기 위해 대출을 가장 먼저 고려한다. 특히 자기자본이 부족한 창업자일수록 대출 규모를 크게 설정하거나 상환 계획 없이 대출을 받는 실수를 한다. 하지만 대출금은 결국 갚아야 할 빚이며, 예상보다 매출이 나오지 않으면 큰 부담으로 다가온다.

대출을 받을 때는 이자율과 상환 기간을 꼼꼼히 따져봐야 한다. 높은 이자율의 대출을 무리하게 받으면 수익이 발생하더라도 이자 부담으로 인해 실제로 손에 남는 돈이 거의 없을 수 있다. 또한 여러 개의 금융기관에서 대출을 받으면 신용도가 하락하고 추가 대출이 어려워진다.

한 창업자가 5,000만 원을 대출받아 작은 카페를 열었다고 가정해보자. 초기 예상보다 매출이 저조하여 매달 이자와 원금을 갚는 것이 부담되기 시작하면 운영자금이 부족해지고 추가 대출을 받으려 할 가능성이 크다. 이런 식으로 대출이 누적되면, 결국 갚을 수 없는 수준까지 부채가 쌓이고 폐업 위기에 몰린다.

따라서 대출을 받을 때는 최소한의 금액만 조달하고 상환 가능성을 철저히 분석해야 한다. 정부 지원금, 크라우드 펀딩 등 무이자 혹은 저금리로 자금을 조달할 방법을 먼저 고려하는 것이 바람직하다.

불명확한 자금 계획과 비현실적인 매출 예상 ──────

구체적인 자금 계획 없이 창업을 시작하는 경우가 많다. 초기 비용만 계산하고 운영자금이 얼마나 필요한지 고려하지 않거나 과도하게 낙관적인 매출 예상으로 인해 자금이 부족해지는 실수를 한다.

예를 들어 작은 베이커리를 창업하면서 초기 비용(인테리어비, 장비 구입비 등)에만 집중하고 운영자금(임대료, 원자재비, 인건비 등)은 대략적으로 계산하는 경우가 있다. 그런데 실제 매출이 창업 전 예상보다 낮고 고정비용이 높아지면 운영자금이 빠르게 소진되면서 지속적인 사업이 어려워진다.

이러한 문제를 방지하려면 자금 조달 전에 철저한 계획이 필요하다.

❶ 초기 창업 비용뿐만 아니라 최소 6개월에서 1년 치 운영자금을 확보한다.

❷ 매출 예상은 가장 보수적으로 설정하고, 예상보다 낮아도 운영이 가능한지 검토한다.

❸ 예상치 못한 지출(장비 고장, 임대료 인상 등)에 대비해 비상자금을 확보한다.

자금 계획이 명확해야 창업 후 예기치 않은 자금난에 빠지지 않고 안정적인 운영이 가능하다.

수익보다 지출이 빠르게 늘어나는 문제

자금을 조달한 후에도 운영 초기에는 지출 통제가 제대로 이루어져야 한다. 하지만 일부 창업자는 사업 초기에 매출이 조금 나오기 시작하면 과도한 마케팅 투자, 불필요한 고정비 증가, 고급 장비 구입 등으로 인해 현금흐름이 불안정해지는 실수를 저지른다.

한 온라인 쇼핑몰 창업자가 초기 매출이 기대 이상으로 나오자 대규모 광고를 집행하고 사무실을 확장하는 등의 지출을 늘렸다고 가정해 보자. 그런데 이후 경쟁이 심해지면서 매출이 감소하고 늘어난 고정비 부담 때문에 사업이 쉽게 흔들릴 수 있다.

이러한 문제를 방지하려면, 초기에는 불필요한 지출을 최소화하고, 매출이 안정적으로 유지될 때까지 보수적으로 운영해야 한다. 또한 마케팅 비용을 조절하고, SNS를 활용한 저비용 마케팅을 적극적으로 활용해야 한다. 아울러 매출과 수익이 안정적으로 발생할 때까지 비용을 늘리지 않는 것이 중요하다.

핵심 정리

- 무리한 대출과 과도한 신용 의존은 큰 위험 요소다. 최소한의 대출만 받고 저금리 자금 조달 방안을 우선 고려한다.
- 불명확한 자금 계획과 비현실적인 매출 예상은 창업 실패로 이어진다. 운영자금과 비상 자금을 반드시 확보한다.
- 수익보다 지출이 빠르게 늘어나는 문제를 방지하기 위해 초기에는 불필요한 비용을 최소화하고 현금흐름을 철저히 관리한다.

창업 실행과
실전 준비

. . . . .

01

창업의
전체적인 프로세스

. . . . . .

시장조사와 사업 아이템 검증

창업을 준비하는 과정은 단순히 사업을 시작하는 것이 아니라 시장조
사, 자금 확보, 법적 절차, 마케팅 전략 수립 등의 여러 단계를 거쳐야
한다. 많은 창업자가 아이템 선정과 개업 준비에만 집중하지만, 장기
적으로 생존하려면 탄탄한 계획과 실행 프로세스를 갖춰야 한다.

창업을 시작하기 전, 가장 먼저 해야 할 일은 시장조사다. 단순히
'이 아이템이 괜찮을 것 같다'라는 감이 아니라 데이터를 기반으로 수
요를 분석해야 한다. 주요 고객층이 누구인지, 경쟁업체가 어떻게 운
영되는지, 시장에서 차별화할 수 있는 요소가 무엇인지 명확하게 파
악해야 한다.

시장조사를 통해 창업 아이템이 실제로 수익을 낼 수 있는지를 검증
하는 과정도 중요하다. 단순히 유망 업종이라는 이유만으로 창업을 결

정하는 것은 위험하다. 배달 음식점 창업을 고려한다면 주변 상권의 배달 주문량과 기존 업체와의 경쟁력을 분석해야 한다.

자금 조달과 사업 계획 수립

사업을 지속하려면 충분한 창업 자금과 운영자금이 필요하다. 초기 창업자들이 흔히 저지르는 실수가 자금 계획을 제대로 세우지 않는 것이다. 창업 비용은 단순히 가게를 차리는 비용뿐만 아니라 운영비(임대료, 인건비, 재료비 등)와 마케팅 비용, 비상자금까지 포함해야 한다.

자금 조달 방법으로는 자기자본 충당 외에 정부 지원금, 소상공인 대출, 크라우드 펀딩 등이 있다. 하지만 대출을 받을 때는 상환 계획을 철저히 세워야 하며, 대출 의존도가 높아지면 이후 현금흐름이 어려워진다.

이와 함께 사업계획서를 작성하는 것도 필수이다. 사업계획서 작성은 단순한 문서가 아니라 사업 방향을 명확하게 정리하고, 목표를 달성하기 위한 전략을 수립하는 과정이다. 투자자에게 사업 투자 제안을 할 때나 금융기관에서 대출을 받을 때도 사업계획서가 중요한 평가 요소가 된다.

또한 사업을 시작하기 위해서는 법적·행정 절차를 철저히 준비해야 한다. 사업자 등록, 세금 신고, 각종 인허가 절차 등을 미리 체크하지 않으면 개업 후 불필요한 문제에 부딪힌다. 예를 들어 식당을 창업하려면 위생 허가가 필요하고, 온라인 쇼핑몰을 운영하려면 통신판매업

신고를 해야 한다.

창업 후 사업을 안정적으로 운영하기 위해서는 실전 경험을 쌓는 과정이 중요하다. 직접 가게를 운영하기 전에 단기 창업 실습, 관련 업종 아르바이트, 멘토링 프로그램 등을 활용하는 것도 좋은 방법이다. 실전 경험이 없는 상태에서 바로 창업하면 예상치 못한 문제에 대처하기 어렵다.

초기 고객을 확보하는 전략은 미리 준비해야 한다. 개업 후에도 고객이 오지 않으면 당연히 매출이 나오지 않기 때문에 SNS 마케팅, 프로모션 이벤트, 지역 커뮤니티 조사 등 다양한 방법을 활용해야 한다. 단순히 가게를 차리는 것만으로는 고객이 찾아오지 않는다.

핵심 정리

- 창업 전에 반드시 시장조사를 진행하고, 사업 아이템이 수익성이 있는지 검증한다.
- 자금 조달 계획을 세우고, 창업 비용뿐만 아니라 운영자금과 비상자금까지 고려한다.
- 사업계획서를 작성하여 창업 방향을 정하고, 법적·행정 절차를 철저히 준비한다.
- 실전 경험을 쌓고, 첫 고객을 확보할 수 있는 전략을 사전에 마련한다.

02

창업을 위한
사업계획서 작성 방법

. . . . . .

사업의 방향성과 목표 설정

사업계획서는 단순한 문서가 아니다. 창업자가 사업을 체계적으로 구상하고, 시장 분석을 통해 방향을 설정하며, 자금 조달과 운영 계획을 구체화하는 핵심 도구다. 보통 창업자는 대출이나 투자 유치를 위해 사업계획서를 작성하지만, 사실 사업계획서는 창업자의 로드맵 역할을 한다. 이를 제대로 작성하면 창업 과정에서 발생하는 시행착오를 줄이고, 목표에 맞춰 운영 전략을 조정할 수 있다.

사업계획서를 작성할 때 가장 먼저 해야 할 일은 사업의 핵심 방향성과 목표를 명확히 하는 것이다. 이는 창업자가 어떤 사업을 할 것인지, 어떤 고객을 대상으로 어떤 가치를 제공할 것인지를 구체적으로 정의하는 과정이다.

예를 들어 '소규모 베이커리'를 창업하려고 한다면, 단순히 '빵을 판매하는 가게'라고 정의할 것이 아니라 '프리미엄 천연 발효 빵을 제공하는 건강 지향 베이커리'처럼 사업의 차별점과 방향성을 명확히 해야한다. 이렇게 구체적인 목표가 정해지면 이후의 사업 전략을 일관되게 설정할 수 있다.

사업의 중·장기 목표도 설정해야 한다. 1년 차에는 지역 고객층을 확보하고, 3년 차에는 온라인 판매를 도입하며, 5년 차에는 가맹 사업을 검토한다는 식으로 구체적인 성장 목표를 세우면 사업의 방향이 더욱 명확해진다.

시장 분석과 경쟁 전략

시장 분석은 사업의 성공 가능성을 예측하는 중요한 과정이다. 아무리 좋은 제품이나 서비스라도 시장과 고객의 수요가 없다면 실패할 가능성이 크다. 따라서 사업을 시작하기 전에 반드시 시장 규모, 경쟁업체 현황, 소비자 니즈 등을 분석해야 한다.

첫 번째로, 목표 고객층을 명확히 정의해야 한다. 베이커리 창업을 한다면, 주요 고객층이 아침 식사 대용으로 빵을 구매하는 직장인인지, 건강을 중시하는 소비자인지, 아이를 키우는 주부인지에 따라 제품 구성과 마케팅 전략이 달라진다.

두 번째로, 경쟁업체 분석이 필수적이다. 창업을 준비할 때 비슷한 업종의 경쟁업체를 직접 방문해서 제품의 특징, 가격대, 고객 반응, 매출 흐름 등을 조사하는 것이 중요하다. 이를 통해 경쟁업체가 잘하는 부분과 부족한 부분을 파악하고, 자신의 사업에서 차별화할 요소를 찾을 수 있다.

세 번째로, 시장 트렌드를 반영해야 한다. 소비자의 소비 패턴이 빠르게 변화하는 만큼 단기적인 유행이 아닌 지속 가능한 시장 기회를 찾는 것이 필요하다. 예를 들어 최근 몇 년간 건강한 식품에 대한 관심이 높아지면서 유기농, 저당 빵 시장이 성장하고 있다. 이런 트렌드를 반영해 제품 개발과 마케팅 전략을 수립하면 시장 내에서 경쟁력을 갖출 수 있다.

재무 계획과 운영 전략

사업계획서에서 중요한 부분 중 하나가 재무 계획이다. 사업 초기 자금이 얼마나 필요한지, 운영 비용은 어떻게 충당할 것인지, 손익분기점(BEP)은 언제 도달할 것인지에 대한 구체적인 계획이 부족한 창업자가 예상외로 많다.

먼저, 창업 비용을 명확하게 정리해야 한다. 임대료, 인테리어 비용, 장비 구입비, 초기 재고 비용, 홍보 마케팅 비용 등을 상세하게 계산하고, 이를 토대로 현실적인 자금 조달 계획을 수립해야 한다. 특히 예상보다 추가 비용이 발생할 가능성이 크므로 최소 6개월 치 운영자금을 확보한다.

운영 전략도 세부적으로 작성해야 한다. 운영 시간, 직원 채용 계획, 매출 목표, 고객 유치 방법 등을 구체화하면 사업이 보다 체계적으로 진행될 수 있다. 베이커리 창업을 계획했다면, 출근 시간에 맞춰 영업을 시작하고, 아침 시간대 할인 프로모션을 진행해 직장인 고객을 확보한다는 식의 전략을 설정할 수 있다.

위기관리 계획을 포함하는 것도 중요하다. 예상보다 고객이 적거나 매출이 목표에 미치지 못할 경우에 어떤 대안을 마련할 것인지 미리 고민해야 한다. 이를 통해 돌발 상황에 대한 대응력을 높이고 사업의 지속 가능성을 확보한다.

핵심 정리

◉ 사업의 방향성과 목표를 명확히 설정하고 중·장기 성장 계획을 구체화한다.

◉ 시장 분석과 경쟁업체 조사를 철저히 수행하여 차별화된 사업 전략을 수립한다.

◉ 창업 비용, 운영자금, 손익분기점 등의 재무 계획을 현실적으로 설정하고 위기관리 방안을 마련한다.

03

창업 전 반드시
경험해야 하는 실전 훈련

· · · · · ·

현장에서 직접 경험 쌓기

단순히 창업 관련 서적을 읽거나 이론만 공부하는 것으로는 현실적인 문제를 해결하는 능력을 기를 수 없다. 직접 부딪혀 보며 시행착오를 경험해야 창업 후 발생할 수 있는 다양한 문제에 대처할 수 있다. 실전 훈련은 창업을 현실적으로 준비하는 가장 효과적인 방법이며, 이를 통해 시장 이해도, 고객 응대 능력, 운영 관리 능력을 높일 수 있다.

창업을 준비하는 사람이라면 반드시 해당 업종에서 직접 일해 보는 경험을 가져야 한다. 이는 사업 운영에 필요한 실무를 익히는 가장 효과적인 방법이다. 현장에서 직접 일해 보면 창업을 하기 전에 미처 생각하지 못한 문제들을 발견할 수 있다.

음식점에서 일해 보면 식당 운영이 단순히 음식을 제공하는 것이 아니라 원가 관리, 직원 관리, 위생 관리 등 다양한 요소가 포함된다는 것을 직접 경험하면서 알게 된다. 또한 고객이 실제로 어떤 점을 중요하게 생각하는지 파악할 수 있기 때문에 창업 후 더 나은 서비스를 제공할 수 있다.

소규모 테스트 통한 리스크 줄이기 ──────

많은 창업자가 충분한 검증 없이 큰 비용을 투자하고 사업을 시작했다가 실패한다. 이를 방지하기 위해 사업 아이템을 실제 시장에서 테스트해 보는 것이 필요하다.

　온라인 쇼핑몰을 운영하고 싶다면 처음부터 큰 사이트를 만들기보다 SNS 마켓이나 중고거래 플랫폼을 활용해 제품을 판매해 보는 것이 효과적이다. 이렇게 하면 초기 비용을 최소화하면서 고객의 반응을 직접 확인할 수 있다.

　이러한 테스트 과정을 거치면 실제 창업 시 발생할 수 있는 문제를 사전에 파악하고 해결할 수 있다. 고객의 주요 불만사항이 무엇인지 알게 되고, 예상보다 원가 부담이 높다는 사실을 깨닫게 되는 것이다. 이런 경험은 창업 후 시행착오를 줄이고 성공 확률을 높이는 데 큰 도움이 된다.

사업 운영의 기본 원리 익히기 ──────

많은 창업자가 좋은 아이템을 가지고도 운영 미숙으로 실패한다. 특히 자금 관리, 재고 관리, 고객 응대, 마케팅 등의 기본적인 운영 지식이 없으면 지속적인 성장이 어렵다.

이를 위해 정부가 운영하는 기관에서 창업 교육, 경영 교육 등 온·오프라인을 통해 다양한 실무적인 교육을 수강하는 것이 필요하다. 세금 및 회계 교육을 통해 사업자의 의무 사항을 이해하고, 마케팅 강의를 들으며 고객을 유치하는 방법을 배워야 한다. 이러한 교육을 통해 창업 후 직접 부딪히면서 배우는 것보다 더 빠르고 효율적으로 사업 운영 능력을 키울 수 있다.

경험이 많은 창업자들에게 멘토링을 받는 것도 좋은 방법이다. 이미 성공한 사업가들의 경험을 듣고 현실적인 조언을 받으면서 멘토링을 통해 초기 비용을 줄이는 방법을 배운다면, 불필요한 지출을 최소화하고 더욱 안정적으로 창업을 시작할 수 있다.

핵심 정리

◎ 창업 전 해당 업종에서 실무 경험을 쌓아 실제 운영 시 발생하는 문제를 파악한다.

◎ 소규모 테스트를 통해 사업 아이템의 시장 반응을 확인하고, 리스크를 최소화한다.

◎ 창업 전 기본적인 사업 운영 원리를 익혀 안정적으로 창업을 시작한다.

04

창업 관련
법적·행정 절차

· · · · · ·

사업자 등록과 필수 행정 절차 —————————

창업을 준비하는 과정에서 많은 예비 창업자가 간과하는 부분이 바로 법적·행정 절차다. 사업을 시작하는 데 있어 아이디어와 실행력도 중요하지만, 법적·행정 절차를 정확히 이해하고 준비하지 않으면 불필요한 시간과 비용이 발생한다.

특히 소상공인 창업은 사업자 등록부터 세금 신고, 각종 인허가 절차까지 꼼꼼하게 챙겨야 할 요소가 많다. 이를 미리 숙지하고 대비하면 원활한 창업 과정과 안정적인 사업 운영이 가능하다.

사업을 시작하려면 먼저 사업자 등록을 해야 한다. 이는 관할 세무서를 통해 진행하며, 개인 사업자와 법인 사업자로 나뉜다. 일반적으로 소상공인은 개인 사업자 등록을 선택하지만, 향후 법인을 설립할 계획이 있다면 법인 사업자 등록도 사전에 고려해야 한다. 사업자 등록을 위해서는 다음과 같은 서류가 필요하다.

❶ 사업장 임대차 계약서(임차할 경우)
❷ 신분증
❸ 사업자 등록 신청서

등록 절차는 간단하지만 업종에 따라 추가로 필요한 인허가 사항이 있다. 예를 들어 음식점을 운영하려면 영업신고증을 받아야 하며, 카페 창업의 경우에는 위생교육 이수증이 필요하다. 주류를 판매하는 업종이라면 주류 판매 허가가 필수다.

이와 함께 사업을 운영할 주소지를 명확히 해야 한다. 주거용 건물에서 사업을 운영하려면 해당 건물에서 사업이 가능한지 미리 알아봐야 한다. 일부 건물은 사업용 등록이 제한될 수 있으므로 임대 계약을 체결하기 전에 반드시 건물 용도를 확인해야 한다.

세금 신고 및 회계 관리

창업 후 중요한 행정 절차 중 하나가 세금 신고 및 회계 관리다. 많은 초보 창업자들이 세금 문제를 소홀히 했다가 과태료나 세무조사를 받기도 한다. 특히 부가가치세 신고, 소득세 신고, 종합소득세 신고 등의 기본적인 세무 절차를 정확히 숙지해야 한다.

소상공인의 경우, 부가가치세 신고는 1년에 2번(1월과 7월)에 해야 하며, 일정한 매출 이상이 발생하면 종합소득세 신고도 필수다. 세금 관리를 제대로 하지 않으면 예상치 못한 세금 부담이 발생할 수 있다. 창업 초기에는 비용 부담이 되면 직접 꼼꼼하게 비용 내역을 챙겨서 관리하거나, 어렵다면 세무사 사무실을 통해 관리하는 것이 효과적이다.

매출이 일정 수준 이하인 사업자는 간이과세자로 등록할 수 있다. 간이과세자는 소규모 사업자를 대상으로 세금 부담을 줄이기 위해 마련된 제도이다. 연 매출액이 8,000만 원 미만인 개인 사업자가 해당하며, 부가가치세율이 일반 과세자보다 낮아 상대적으로 세금 부담이 적다.

간이과세자는 부가세 신고 주기가 1년에 한 번으로 간소화되어 있어 세무 관리가 비교적 수월하다. 다만, 세금계산서 발행이 불가능하고, 거래 상대방이 부가세를 공제받을 수 없는 단점이 있어 B2B 거래 시 불리할 수 있다. 또한 일정 매출을 초과하면 자동으로 일반과세자로 전환되므로 사업 성장에 따라 세무 상태를 점검해야 한다.

창업 후 반드시 알아야 할 법적 의무

사업을 운영하면서 반드시 숙지해야 할 법적 의무가 있다. 가장 중요한 것은 임대차 계약이다. 상가를 임대할 경우에는 임대차 보호법을 숙지하고 계약서의 조항을 꼼꼼하게 검토해야 한다. 계약 전 권리금 보호 조항, 계약 갱신 요구권 등을 확인하여 예기치 않은 분쟁을 예방해야 한다.

사업이 성장하면서 직원 채용이 필요해질 경우, 사업자는 근로자에게 4대 보험(국민연금, 건강보험, 고용보험, 산재보험) 가입을 의무적으로 해야 한다. 이를 신고하지 않으면 불이익을 받을 수 있으며, 직원이 사고를 당하면 법적 책임이 커질 수 있다.

고용보험과 산재보험은 직원이 1명만 있어도 가입해야 하며, 국민연금과 건강보험은 5인 이상 사업장에서 의무적으로 가입해야 한다. 하지만 최근에는 1인 사업자도 국민연금과 건강보험에 가입하는 경우가 많아지고 있으므로 본인의 사업 형태에 맞춰 적절한 가입 여부를 판단해야 한다.

직원 채용 시에는 근로계약서를 반드시 작성해야 하며, 최저임금과 주휴수당 등 기본적인 노동법을 준수해야 한다. 이를 지키지 않으면 근로기준법 위반으로 법적 문제가 발생할 수 있다.

핵심 정리

◎ 사업자 등록은 필수이며, 업종에 따라 추가적인 인허가 사항이 필요하다.

◎ 세금 신고 및 회계 관리를 철저히 해서 예상치 못한 세금 부담을 줄인다.

◎ 사업장에서 발생할 수 있는 법적 리스크(임대차 계약, 노동법 등)를 숙지한다.

05

사업 초기에
반드시 알아야 할 법률 문제

· · · · · ·

사업 초기 세금 및 회계 관리의 기본 원칙 ───

예비 창업자는 세무와 회계 관리에 익숙하지 않은 경우가 많다. 하지만 세금 신고 및 회계를 정확하게 관리하지 않으면 사업의 지속 가능성이 위협받는다.

❶ 부가가치세(VAT) 신고 및 관리

부가가치세는 창업자가 반드시 관리해야 하는 대표적인 세금이다. 연 매출 8,000만 원 이상인 일반과세자는 매년 6개월마다 부가세 신고(1월, 7월)를 해야 하며, 세금계산서 관리가 필수적이다. 간이과세자는 연 매출 8,000만 원 이하인 경우 혜택을 받을 수 있지만, 매출이 증가하면 일반과세자로 전환될 수 있으므로 이에 대한 대비가 필요하다. 초기에는 세무사나 회계 전문가의 도움을 받아 체계를 갖추는 것이 바람직하며, 기본적인 장부 작성과 영수증 정리 습관도 반드시 필요하다.

세무 관리가 제대로 되지 않으면 추후 세금 추징이나 정부 지원사업 탈락 등 예기치 못한 리스크로 이어질 수 있다.

❷ 종합소득세 신고

매년 5월은 종합소득세 신고 기간이다. 사업자는 사업 소득을 종합소득세 신고 대상에 포함해야 하며, 세금 부담을 줄이기 위해서는 적절한 비용 처리가 중요하다. 이를 위해 사업용 계좌와 개인 계좌를 구분하고, 카드 결제 및 영수증을 철저히 관리 보관해야 한다.

❸ 비용 절감 및 절세 전략

사업 초기에 불필요한 세금 부담을 줄이려면 세금 신고 시 사업 관련 비용을 최대한 공제해야 한다. 대표적인 공제 항목으로는 임차료, 전기·수도·가스 요금, 홍보비, 직원 급여 및 4대 보험료, 업무용 차량 유지비 등이 있으며, 이 항목들을 체계적으로 정리하는 것이 중요하다.

온라인과 오프라인 사업의 법적 차이점과 유의사항 ──

최근 많은 창업자가 오픈마켓, 배달 플랫폼, SNS 쇼핑몰 등 온라인 사업을 병행하거나 전환하고 있다. 하지만 온라인과 오프라인 사업은 법적 규제가 다르기 때문에 이에 대한 이해가 필요하다.

❶ 온라인 사업의 전자상거래법 준수

온라인 쇼핑몰, 오픈마켓 등을 운영하는 창업자는 반드시 전자상거래법을 준수해야 한다. 주요 규정은 다음과 같다.

- **소비자 보호**: 온라인 판매자는 제품 상세 정보(가격, 재고, 교환·환불 조건 등)를 명확하게 표시해야 하며, 소비자는 7일 이내에 청약철회(환불)를 요청할 수 있다.
- **표시·광고의 공정성**: 제품의 원산지, 재고 상태, 사용 후기 등을 허위로 표시하면 법적 제재를 받을 수 있다.
- **개인정보 보호**: 고객의 개인정보(이름, 연락처, 주소 등)를 무단으로 수집하거나 활용하면 법적 처벌을 받을 수 있으므로 이를 위한 보안 조치를 마련해야 한다.

❷ 오프라인 사업의 법적 의무

오프라인 사업을 운영할 경우에는 다양한 법적 의무를 준수해야 한다.

- **영업 허가 및 신고**: 식당, 카페 등은 영업 신고 또는 허가가 필요하며, 업종에 따라 소방시설, 위생 관리 기준 등을 충족해야 한다.
- **위생·환경 규제**: 요식업 창업자는 식품의약품안전처에서 정한 식품위생법을 철저히 따라야 한다. 또한 영업주는 식품위생 관련 교육을 이수해야 하며, 모든 종자사들도 건강진단결과서(일명 보건증)을 발급받아야 한다.
- **간판·광고 규제**: 간판과 옥외광고는 옥외광고물법에 따라 제한될 수 있으며, 이를 위반하면 과태료가 부과될 수 있다.

지적재산권과 브랜드 보호 전략 ———————

소상공인들이 창업 과정에서 흔히 놓치는 문제 중 하나가 지적재산권
(상표권, 저작권, 특허권 등)에 관한 것이다. 창업 초기에 브랜드를 만들고
로고, 제품 디자인, 슬로건 등을 설정할 때 상표 등록을 하지 않으면 나
중에 문제가 발생할 수 있다.

특히 상표권이 등록된 이름을 모르고 사용할 경우 법적 분쟁이 발생
할 수 있으므로, 브랜드명을 정하기 전에 특허청 홈페이지에서 상표 등
록 여부를 반드시 확인해야 한다.

SNS 마케팅이 활성화되면서 저작권 문제가 더욱 중요해졌다. 온라
인에서 이미지를 무단으로 사용하는 경우 법적 문제가 될 수 있으며,
저작권이 있는 음악을 배경으로 활용하는 경우에도 저작권 침해에 해
당할 수 있다. 따라서 창업자는 저작권이 있는 콘텐츠를 사용하려면
반드시 라이선스를 확인해야 하고, 비용을 절감하려면 상업적으로 사
용 가능한 무료 이미지 및 음악을 활용한다.

핵심 정리 ———————

- ⓖ 부가가치세(VAT), 종합소득세 신고를 정확히 이해한다.
- ⓖ 온라인 사업자는 전자상거래법, 개인정보보호법을 준수한다.
- ⓖ 오프라인 사업자는 영업 허가, 위생 규제, 광고 규정 등을 철저히 확인한다.
- ⓖ 브랜드 보호를 위해 창업 초기에 상표권 등록을 고려한다.
- ⓖ 저작권 문제를 방지하기 위해 온라인 콘텐츠 사용 시 라이선스를 반드시 확인한다.

06

창업 초기에
피해야 할 실수

· · · · · ·

불충분한 시장조사와 준비 부족 ────────

많은 창업자가 열정적으로 창업을 시작하지만, 시장조사가 충분하지 않다면 사업의 방향을 잘못 설정할 가능성이 크다. 소비자의 니즈를 정확히 파악하지 못하거나 경쟁업체의 전략을 분석하지 않은 상태에서 사업을 시작하면 실패 확률이 높아진다.

한 창업자가 유행하는 디저트 전문 카페를 열었다고 가정해보자. 그런데 해당 지역에는 이미 유사한 카페가 많고, 소비자들의 관심이 점점 식어가고 있다면 어떻게 될까? 유행을 따라 창업했지만 차별화된 경쟁력이 없다면 고객 확보가 쉽지 않다. 창업 전에 시장조사를 철저히 하고 경쟁력을 갖춘 아이템을 선정하는 것이 필수적이다.

사업 아이템이 좋아도 초기 운영 전략이 부족하면 예상하지 못한 문제에 직면할 가능성이 크다. 목표 고객을 어떻게 설정할 것인지, 가격 전략을 어떻게 세울 것인지, 운영 방식을 어떻게 정할 것인지 등 구체적인 사업 계획 없이 창업하면 시행착오가 많아진다.

자금 관리 실패와 비용 과다 지출

창업 초기에는 예상보다 더 큰 비용이 발생할 수 있다. 하지만 이를 고려하지 않고 자금을 무리하게 사용하면 운영자금이 빠르게 소진되어 사업을 지속하지 못하는 상황을 맞게 된다.

대표적인 실수 중 하나는 불필요한 초기 투자다. 인테리어, 장비, 광고 등에 과도한 비용을 지출하는 경우가 많다. 처음부터 고급 인테리어를 하고 필요 이상의 장비를 구입하는 것은 위험하다. 최소한의 투자로 시작하고, 사업이 안정된 후 점진적으로 확장하는 것이 바람직하다.

예상치 못한 비용을 고려하지 않는 것도 흔한 실수다. 창업 후에는 추가 마케팅 비용, 세금, 유지보수비 등 예상하지 못한 지출이 발생한다. 따라서 운영 초기에는 여유 자금을 확보하고, 비용 절감 전략을 마련하는 것이 중요하다.

고객 확보 전략 부족

창업만 하면 손님이 자연스럽게 찾아온다고 생각하지만, 고객 확보 전략이 없다면 매출이 기대에 미치지 못하게 된다. 특히 홍보 없이 가게를 오픈하거나 온라인 마케팅을 등한시하면 초기 고객을 확보하는 데 어려움을 겪는다.

상권이 좋은 곳에 가게를 열었어도 아무런 마케팅 없이 운영하면 초기 방문 고객이 적을 수밖에 없다. 고객이 가게를 인식하고 방문하도록 하기 위해서는 온라인 홍보, SNS 마케팅, 프로모션 활용 등 적극적인 마케팅 전략이 필요하다.

기존 고객을 유지하지 못하는 것도 큰 실수다. 한 번 방문한 고객이 재방문하도록 하기 위해서는 고객과의 관계를 형성하고, 단골고객으로 만들 수 있는 전략을 고민해야 한다. 단골고객을 위한 혜택 제공, 맞춤 서비스, 지속적인 소통 등이 필요하다.

핵심 정리

◉ 창업 전 시장조사를 철저히 하고, 충분한 준비 후 창업한다.

◉ 초기 투자 비용을 최소화하고, 운영자금을 효율적으로 관리한다.

◉ 고객 확보와 유지 전략을 세우고, 적극적인 홍보 및 마케팅을 실행한다.

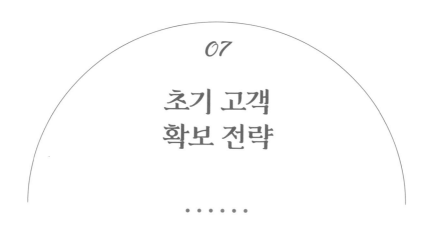

07

초기 고객
확보 전략

목표 고객층을 명확히 하고 공략하기

창업 후 신중히 고민해야 할 또 하나의 과제는 초기 고객을 확보하는 것이다. 많은 창업자가 '좋은 제품과 서비스를 만들면 손님이 알아서 찾아올 것'이라고 생각하지만, 현실은 그렇지 않다. 경쟁이 치열한 시장에서 고객을 확보하려면 적극적인 접근과 차별화된 전략이 필요하다.

초기 고객을 확보하기 위해서는 누가 내 제품이나 서비스를 필요로 하는지 명확히 정의해야 한다. 모든 사람을 대상으로 마케팅을 하면 효과가 떨어지고 예산도 비효율적으로 사용된다. 소규모 베이커리를 창업했다면 '모든 연령대의 고객'을 타깃으로 하는 것이 아니라 젊은 여성, 아이를 둔 부모 등 구체적인 목표 고객층을 설정해야 한다.

목표 고객층을 정의한 후에는 그들이 자주 찾는 공간(온라인 커뮤니티, SNS, 지역 모임 등)에서 홍보를 시작하는 것이 중요하다. 직장인을 대상

으로 하는 서비스라면 출퇴근 시간에 맞춰 홍보를 진행하고, 지역 기반
사업이라면 지역 커뮤니티를 적극 활용한다.

주변 인맥과 네트워크 활용하기 ──────────

초기 고객을 확보하는 빠른 방법 중 하나는 기존 인맥을 적극적으로 활
용하는 것이다. 창업자가 직접 아는 사람들은 신뢰도가 높고, 입소문
을 통해 추가 고객이 유입될 가능성이 크다.

　　주변 지인에게 직접 제품이나 서비스를 체험하게 하고, 추천 이벤
트나 리뷰 요청을 통해 자연스럽게 홍보하는 전략을 활용한다. 카페를
창업했다면 첫 한 달 동안 지인들에게 무료 또는 할인된 가격으로 커피
를 제공하고, 그들이 SNS에 후기를 남기도록 유도하면 추가적인 방문
고객을 확보할 수 있다.

　　초기 고객이 브랜드의 홍보대사가 되도록 유도하는 것도 효과적이
다. 초기 고객이 만족했다면 자연스럽게 주변 사람들에게 추천하게 되
고, 신뢰도가 높은 고객 기반이 빠르게 형성된다.

프로모션과 체험 마케팅 활용하기 ──────────

초기 고객을 확보하기 위해서는 단순한 광고보다 직접 체험할 기회를
제공하는 것이 효과적이다. 이를 위해 다양한 프로모션과 체험 마케팅
을 활용한다.

❶ 무료 체험 이벤트

음식점이나 카페라면 첫 방문 고객에게 무료 시식을 제공하고, 뷰티 관련 사업이라면 무료 시술 체험을 진행한다.

❷ 오픈 기념 할인

창업 후 첫 한 달 동안 할인 혜택을 제공하여 고객의 방문을 유도한다.

❸ 리뷰 이벤트

첫 방문 고객에게 SNS 리뷰를 남기도록 유도하여 추가적인 홍보 효과를 기대한다.

이러한 프로모션은 단순히 가격을 낮추는 것이 아니라 고객에게 가치를 제공하면서 브랜드를 각인시키는 방법이 되어야 한다.

핵심 정리

◎ 초기 고객을 확보하려면 목표 고객을 명확히 정의하고 그들에게 집중적으로 접근한다.

◎ 지인 네트워크를 활용해 입소문을 만들고, 초기 고객을 브랜드 홍보대사로 활용한다.

◎ 프로모션과 체험 마케팅을 활용하여 고객이 직접 경험할 기회를 제공하고 브랜드를 인식하도록 한다.

08

창업 초기에
직원이 필요할까?

‧ ‧ ‧ ‧ ‧ ‧

혼자서 운영할 수 있는 한계 파악 ———

창업을 준비하는 과정에서 '직원을 처음부터 채용해야 할까?'라는 고민
에 빠진다. 혼자 모든 것을 감당하기에는 벅차지만, 직원 채용이 곧바
로 수익으로 이어지는 것도 아니다. 초기 인력 운용을 어떻게 하느냐
에 따라 사업의 안정성과 성장 속도가 달라진다.

업종에 따라 다르지만, 초기에는 최소한의 인력으로 운영하는 것이
일반적이다. 온라인 쇼핑몰이나 1인 서비스업(컨설팅, 디자인, 교육 등)은
일정 규모가 될 때까지 혼자 운영할 수 있다. 반면, 음식점이나 카페와
같이 고객 응대가 필수적인 업종은 혼자서 감당하기 어렵다.

직원이 필요한 시점은 단순히 '힘들다'는 이유가 아니라, 사업 성장
속도와 업무 처리량을 고려하여 결정해야 한다.

직원을 채용할 때 고려해야 할 요소

직원을 채용할 때 가장 먼저 고려해야 할 요소는 재정적인 여력이다. 인건비는 고정적으로 지출되는 비용이기 때문에 매달 지급해야 하며, 사업이 안정되기 전까지는 부담이 된다. 따라서 사업의 수익 구조를 충분히 검토하고, 최소 3~6개월간 인건비를 감당할 수 있는지 확인해야 한다.

또한 직원에게 어떤 업무를 맡길 것인지 명확히 해야 한다. 단순히 '도와줄 사람이 필요하다'는 이유로 직원을 채용하면 업무 분담이 제대로 이루어지지 않아 오히려 비효율적인 운영이 된다. 예를 들어 음식점의 경우에는 주문과 서빙을 담당할 직원을 고용할 것인지, 주방 보조를 둘 것인지 역할을 명확히 정해야 한다.

직원을 채용할 때는 채용 방식도 고민해야 한다. 정규직, 아르바이트, 프리랜서 등 다양한 고용 형태가 있으며, 사업 규모와 운영 방식에 따라 적절한 방식을 선택한다.

인력 없이도 효율적으로 운영하는 방법

직원을 채용하기 전에 기존의 업무를 최적화하고 자동화할 방법을 먼저 고민해야 한다. 인건비 부담을 줄이면서도 효율적인 운영이 가능하도록 시스템을 먼저 정비하는 것이 중요하다.

❶ POS 시스템과 키오스크 활용

카페나 음식점은 키오스크나 모바일 주문 시스템을 도입하면 인건비를 절감할 수 있다.

❷ 온라인 플랫폼과 자동화 도구 사용

온라인 쇼핑몰은 주문 관리 시스템을 활용하고, 고객 응대는 챗봇을 활용하면 업무 부담을 줄일 수 있다.

❸ 아웃소싱 활용

정규직 직원을 채용하기 전에 단기 아르바이트나 프리랜서를 활용해 필요한 업무를 맡기는 것도 효과적인 방법이다.

창업 초기에 무리하게 직원을 채용하는 것은 위험할 수 있지만, 채용 시기를 놓치면 사업 운영이 원활하지 않을 수 있다. 따라서 업무량과 재정 상황을 고려하여 신중하게 결정해야 한다.

핵심 정리

◎ 혼자 운영할 수 있는 한계를 파악하고, 필요할 때 직원을 채용한다.

◎ 인건비 부담을 감당할 수 있는지, 어떤 역할을 맡길 것인지 명확히 파악하고 결정한다.

◎ 자동화 시스템과 아웃소싱을 활용하여 인건비 부담 없이 운영할 방법을 마련한다.

09

창업자가 반드시
가져야 할 필수 역량

. . . . . .

비즈니스 운영 능력 갖추기

창업자는 단순한 아이디어만으로 사업을 운영할 수 없다. 창업 이후에는 다양한 문제를 해결하고, 빠르게 변화하는 시장에 적응해야 한다.

사업을 운영하면서 창업자가 갖추어야 할 기본적인 역량이 재무 관리와 문제 해결 능력이다. 창업자는 사업이 지속적으로 성장할 수 있도록 수익성과 비용을 철저하게 관리해야 한다. 손익분기점을 분석하고, 매출과 지출을 효율적으로 조정하는 능력이 필요하다.

예상치 못한 문제에도 유연하게 대처할 수 있어야 한다. 예상보다 매출이 낮거나 비용이 초과되면 빠르게 원인을 분석하고 해결책을 찾아야 한다. 이는 창업자의 신속한 의사결정 능력과 직결되며, 경험이 부족할수록 더욱 중요하게 작용한다.

시간 관리 또한 중요한 요소다. 창업자는 제품 생산, 마케팅, 고객 관리, 행정 업무 등 여러 역할을 동시에 수행해야 한다. 업무의 우선순위를 정하고 효율적으로 시간을 배분하는 능력이 부족하면 사업 운영이 어렵다.

마케팅과 고객 관리 역량 기르기

사업이 지속적으로 성장하기 위해서는 효과적인 마케팅과 고객 관리가 필요하다. 창업자는 고객이 원하는 것이 무엇인지 정확히 파악하고, 이에 맞춰 상품과 서비스를 제공해야 한다.

브랜드 인지도도 높여야 한다. 단순한 홍보를 넘어 소비자의 관심을 끌고 신뢰를 얻는 마케팅 전략이 필요하다. 온라인 사업을 운영한다면 SNS 마케팅을 적극적으로 활용하고, 오프라인 매장을 운영한다면 지역 고객과의 신뢰를 구축하는 방식이 효과적이다.

아울러 고객의 피드백을 적극적으로 반영해야 한다. 고객 불만을 빠르게 해결하고 긍정적인 리뷰를 유도하는 등 사후 관리가 제대로 이루어지지 않으면 사업의 성장이 더딜 수밖에 없다.

지속적인 학습 태도 유지하기

창업자는 끊임없이 배우고 성장해야 한다. 시장 환경은 빠르게 변화하고 있으며, 새로운 기술과 경영 트렌드가 계속 등장한다. 이러한 변화에 적응하지 못하면 경쟁에서 밀려날 수밖에 없다.

지속적인 학습 태도를 유지하기 위해서는 끊임없이 업계 동향을 파악하고, 창업 관련 도서나 온라인 강의를 활용해 꾸준히 학습하는 것이 중요하다. 창업 네트워크나 멘토를 통해 실질적인 조언을 얻는 것도 큰 도움이 된다.

경험을 통한 학습도 중요하다. 작은 실험을 통해 새로운 전략을 테스트하고, 실패하더라도 이를 교훈으로 삼아 개선하는 과정을 반복해야 한다. 창업은 한 번의 성공으로 끝나는 것이 아니라 지속적인 성장 과정이기 때문이다.

핵심 정리

- ⊚ 재무 관리, 문제 해결, 시간 관리 역량을 갖춘다.
- ⊚ 고객의 니즈를 파악하고, 브랜드 신뢰를 구축하며, 고객 피드백을 반영한다.
- ⊚ 업계 동향 분석, 새로운 지식 습득 및 경험을 통해 배우는 자세를 유지한다.

10

창업 후 지속적으로
배우고 성장하는 방법

· · · · · ·

시장 변화에 적응하는 능력 키우기 ──────

창업은 끝이 아니라 시작이라는 말이 있다. 사업 환경은 끊임없이 변화하며, 창업자는 이를 따라가지 못하면 경쟁에서 뒤처질 수밖에 없다. 지속적으로 배우고 성장하는 창업자만이 장기적으로 성공할 수 있다.

사업을 운영하면서 갖춰야 할 역량 중 하나는 시장 변화에 민감하게 대응하는 능력이다. 기술의 발전과 소비자의 트렌드는 빠르게 바뀌고 있으며, 이를 놓치면 기존의 성공 전략이 더 이상 유효하지 않을 수 있다. 배달 서비스, 정기구독 모델, 맞춤형 제품 등 새로운 트렌드가 등장하고 있으며, 이러한 변화를 빠르게 읽고 적용하는 것이 사업 지속성에 중요한 영향을 미친다.

시장 변화를 읽기 위해서는 정기적으로 업계 뉴스, 경제 동향, 경쟁사의 전략을 분석해야 한다. 트렌드가 바뀌는 이유와 그 속도를 파악하고, 이에 맞춰 사업 방향을 조정할 수 있어야 한다.

고객의 니즈 변화를 파악하는 것도 중요하다. 소비자의 취향이 변하면 기존 제품과 서비스가 시장에서 외면받을 가능성이 크기 때문이다.

네트워크를 활용해 성장 기회 찾기

혼자서 모든 것을 해결하는 것은 어렵다. 창업자는 멘토 및 동료 창업자들과의 네트워크를 활용해 성장 기회를 찾아야 한다. 성공한 창업자들의 경험을 배우고, 비슷한 고민을 하는 창업자들과 정보를 교환하는 것이 사업 운영에 큰 도움이 된다.

창업 관련 세미나나 워크숍에 참석하면 새로운 아이디어를 얻을 수 있으며, 성공한 창업자와 업계 전문가와의 만남을 통해 현실적인 조언을 들을 수 있다. 또한 온라인 커뮤니티나 창업 관련 네트워크를 적극적으로 활용하면 사업 운영에서 겪는 여러 가지 어려움을 해결하는 데 도움을 받을 수 있다.

파트너십을 통한 성장 기회도 고려해야 한다. 비슷한 고객층을 목표로 하는 다른 소상공인과 협력하여 공동 프로모션을 진행하거나 새로운 유통 채널을 확보하는 방식이 있다. 네트워크를 잘 활용하면 혼자서는 얻기 어려운 기회를 확보할 수 있다. 서로의 시행착오를 공유하면 실행 속도를 높이고, 정서적 지지와 현실적인 조언까지 얻을 수 있어 창업 과정의 부담이 줄어든다.

자기계발을 지속하는 습관 만들기

창업자는 끊임없이 배우고 자기계발을 해야 한다. 사업 환경이 빠른 속도로 변화하면서 새로운 기술과 경영 전략을 익히는 것이 필수이기 때문이다.

자기계발을 위해 정기적으로 책을 읽거나 온라인 강의를 듣는 것이 좋다. 특히 마케팅, 재무 관리, 고객 서비스 등 사업 운영에 필수적인 역량을 키울 수 있는 교육을 받는 것이 중요하다. 벤치마킹할 수 있는 성공한 창업자의 사례를 연구하는 것도 도움이 된다.

실전 경험을 통해 배우는 것 역시 중요하다. 새로운 전략을 테스트하고, 고객 반응을 분석하며, 시행착오를 겪으면서 개선하는 과정이 필요하다.

창업자는 끊임없이 배우고 성장해야 하며, 이를 통해 변화하는 시장에서 경쟁력을 유지할 수 있다.

핵심 정리

◎ 업계 동향을 파악하고, 소비자 트렌드를 분석하며, 새로운 기술과 전략을 적용한다.

◎ 멘토 및 동료 창업자들과 교류하면서 성장 기회를 찾고 협업을 통해 사업을 확장한다.

◎ 정기적인 학습과 실전 경험을 통해 변화하는 시장에서 경쟁력을 유지한다.

창업을 위한
실행 단계

· · · · ·

01

개인 사업자와
법인 사업자의 차이

. . . . . .

개인 사업자의 특징과 장점

창업을 준비할 때 개인 사업자로 창업할 것인지, 법인을 설립할 것인지 결정해야 한다. 각 방식은 세금, 법적 책임, 자금 조달 방법에서 차이가 있기 때문에 신중하게 선택해야 한다. 어떤 형태가 본인의 사업에 적합한지 파악하는 것이 중요하다.

개인 사업자는 설립이 간단하고 초기 비용이 적게 드는 것이 가장 큰 장점이다. 사업자 등록 절차가 비교적 간단하며, 법인에 비해 세무·회계 처리가 쉽고, 소득이 사업주의 개인 소득으로 간주되기 때문에 별도의 법인세가 부과되지 않는다.

개인 사업자는 운영의 유연성이 높다. 사업주의 의사결정이 빠르고 간단하며, 법인처럼 주주나 이사회의 승인 없이 자유롭게 사업 방향을 조정할 수 있다. 사업을 그만둘 경우에 폐업 절차도 법인에 비해

상대적으로 간단하다.

하지만 개인 사업자는 책임이 무한하다. 즉 사업에서 발생한 채무나 법적 문제가 있으면 사업주의 개인 재산이 법적 책임을 질 수 있으며, 일정 소득 이상이 되면 법인보다 세금 부담이 커질 수 있다.

법인 사업자의 특징과 장점

법인은 개인 사업자보다 법적 보호와 신용도가 높은 것이 가장 큰 장점이다. 법인 사업자는 개인과 법적으로 분리된 독립적인 주체로 간주되기 때문에 사업에서 발생한 채무에 대해 개인이 직접 책임질 필요가 없다. 이는 대규모 자금 조달이나 장기적인 사업 운영을 계획할 때 유리하다.

법인은 세금 측면에서도 장점이 있다. 법인세율이 개인 소득세율보다 낮은 경우가 많으며, 다양한 비용 처리가 가능해 절세 효과를 볼 수 있다. 법인은 투자 유치가 수월한데, 개인 사업자보다 신용도가 높아 은행 대출을 받거나 외부 투자를 유치하는 데 유리한 구조이다.

하지만 법인은 설립 절차가 복잡하고 운영 비용이 많이 든다. 법인 설립에는 정관 작성, 주식 발행, 등기 등의 절차가 필요하며, 운영 과정에서도 정기적으로 회계 감사를 받고 세금 신고를 해야 한다. 또한 의사결정 과정이 개인 사업자보다 느릴 수 있으며, 이사회나 주주총회의 승인이 필요한 경우가 많다. 정부의 온라인법인설립시스템에 들어가면 쉽게 법인 설립도 가능하다.

어떤 형태가 나에게 적합할까?

개인 사업자와 법인 사업자의 선택은 사업의 규모와 성장 계획에 따라 달라진다.

❶ 개인 사업자가 유리한 경우

소규모 창업으로 시작하고 초기 비용을 최소화하면서 유연한 운영이 필요한 경우에 적합하다. 1인 창업자나 프리랜서, 지역 소매점, 소규모 온라인 쇼핑몰을 운영한다면 개인 사업자가 적절하다.

❷ 법인 사업자가 유리한 경우

초기부터 큰 자본이 필요하거나, 외부 투자 유치를 계획하고 있거나, 장기적인 확장을 고려하는 경우에는 법인 설립이 유리하다. 스타트업, 프랜차이즈 사업, 제조업과 같이 지속적인 성장이 필요한 사업이라면 법인을 고려하는 것이 좋다.

핵심 정리

◎ 개인 사업자는 설립과 운영이 간편하고 초기 비용이 적지만, 법적 책임이 무한하다.

◎ 법인 사업자는 법적 보호와 신용도가 높고 세금 혜택이 있지만, 설립과 운영 비용이 많이 든다.

◎ 사업의 규모, 성장 계획, 자금 조달 방식을 고려해 사업자 등록을 결정한다.

창업 후 예상보다 매출이 낮을 때 대처 방법

· · · · · ·

매출 부진의 원인 분석하기

창업 후 매출이 기대보다 낮은 상황은 대부분 창업자가 겪는 과정이며, 중요한 것은 빠르게 문제를 파악하고 실질적인 해결책을 마련하는 것이다.

많은 창업자가 시장과 고객 분석이 부족한 상태에서 사업을 시작한다. 고객이 원하는 제품이나 서비스를 정확하게 제공하지 못하면 판매량이 줄어들 수밖에 없다. 고객 피드백을 수집하고, 경쟁사와 차별화되는 요소가 부족한지 점검해야 한다.

매출 부진은 근본적으로 홍보와 마케팅이 부족했을 가능성이 크다. 아무리 좋은 제품이 있어도 고객이 모르거나 관심을 두지 않는다면 매출로 이어지지 않는다. SNS 마케팅, 온라인 광고, 프로모션 등 마케팅 활동을 점검하고 부족한 부분을 보완해야 한다.

경쟁이 심한 시장에서 차별화되지 않았을 가능성도 있다. 경쟁업체의 가격, 서비스, 마케팅 전략을 분석해서 차별화된 강점을 개발하는 것이 중요하다. 단순히 가격을 낮추는 것보다 브랜드 가치를 높이는 방향으로 전략을 수정해야 한다.

마케팅과 운영 전략 조정하기

매출을 끌어올리기 위해서는 효과적인 마케팅 전략을 실행하고, 운영 방식을 최적화해야 한다. 먼저, 기존 고객을 적극적으로 활용해야 한다. 기존 고객이 재구매를 하거나 주변 사람들에게 추천하도록 유도하면 매출 상승에 큰 도움이 된다. 단골고객을 대상으로 특별 할인이나 멤버십 혜택을 제공하면 충성도를 높일 수 있다.

마케팅은 온라인과 오프라인을 병행해 진행해야 한다. SNS 광고, 블로그 리뷰, 유튜브 홍보 등 온라인 채널을 적극 활용하면서 지역 기반 오프라인 홍보도 진행한다. 오프라인 매장을 운영하는 경우에는 주변 상권과 협업하여 공동 프로모션을 진행하면 효과적이다.

상품이나 서비스 구성도 조정해야 한다. 가장 많이 팔리는 제품을 중심으로 홍보 전략을 강화하고, 소비자 반응이 좋은 제품을 추가로 개발하는 것이 도움이 된다. 만약 특정 제품이 잘 팔리지 않는다면 패키지 상품을 구성하거나 다른 인기 상품과 함께 묶어 판매하는 전략도 고려한다. 이처럼 고객의 구매 패턴을 분석해 유연하게 상품 구성을 조정하는 것이 매출 향상에 직결된다.

비용 절감을 통해 수익성 확보하기

매출이 저조할 때는 비용을 효율적으로 관리하여 사업의 지속 가능성을 높여야 한다.

우선, 고정비와 변동비를 점검한다. 임대료, 인건비, 마케팅 비용 등 운영 비용을 분석하고, 불필요한 지출을 줄일 방법을 찾는다. 예를 들어 불필요한 광고비를 줄이고, 효과적인 채널에 집중하는 전략이 필요하다.

다음으로 공급망과 협력업체를 점검한다. 원자재나 제품 공급 비용을 절감할 방법을 찾고, 대량 구매나 장기 계약을 통해 단가를 낮출 수 있다면 적극적으로 활용해야 한다.

아울러 사업 운영 방식을 최적화한다. 온라인 판매를 강화해 물리적 공간 유지 비용을 줄이거나 시간대별로 직원 배치를 조정해 인건비를 효율적으로 운용하는 것도 좋은 방법이다.

핵심 정리

- ◎ 고객 니즈, 마케팅, 경쟁업체와의 차별화 요소를 점검한다.
- ◎ 기존 고객 관리, 효과적인 홍보 전략, 상품 구성 최적화를 통해 매출을 끌어올린다.
- ◎ 불필요한 비용을 줄이고, 운영 방식을 효율적으로 개선한다.

03

창업자가 흔히
저지르는 비용 관련 실수

· · · · · ·

무리한 초기 투자로 인한 자금 부족

많은 창업자가 초기 투자 규모를 과대하게 설정하는 실수를 범한다. 사업 초반에는 예상치 못한 변수가 많기 때문에 최소한의 비용으로 운영할 수 있는 구조를 갖춰야 한다. 인테리어는 고객의 경험에 영향을 미치는 중요한 요소지만, 처음부터 고급 자재와 장식을 사용하기보다는 단순하고 실용적인 디자인을 적용하는 것이 바람직하다. 또한 창업 초기에는 제품 재고를 적절한 수준으로 유지하면서 고객 반응을 살펴본 후 추가 주문을 하는 방식이 자금 부담을 줄이는 데 효과적이다.

과도한 마케팅 비용을 한꺼번에 투자하는 실수도 흔하다. 처음부터 대형 광고 캠페인을 진행하기보다는 소규모 테스트 마케팅을 통해 효과적인 홍보 방법을 찾고 점진적으로 확대하는 것이 안전한 전략이다.

운영 비용 관리 미숙으로 인한 적자 누적

창업 초기에는 매출보다 비용이 먼저 발생하기 때문에 운영 비용을 철저하게 관리해야 한다. 그러나 많은 창업자가 고정비와 변동비를 정확하게 구분하지 못하고, 무리한 운영비를 지출하는 실수를 저지른다.

특히 고정비가 높은 구조를 만들면 부담이 커진다. 대표적인 예로 비싼 임대료를 감당하기 어려운 상권에 입점하는 것이다. 좋은 입지에 대한 기대감으로 무리하게 높은 임대료를 지불하면 일정 수준의 매출이 발생하기 전까지 운영이 어려워진다. 따라서 사업 초반에는 임대료 부담이 적은 장소를 선택하고, 차후 매출이 안정되면 확장하는 것이 현명한 방법이다.

불필요한 인건비 지출도 창업자들이 자주 저지르는 실수 중 하나다. 사업이 자리 잡기 전까지는 소규모 인력으로 운영하면서 필요할 때 추가 고용을 고려하는 것이 바람직하다. 가족이나 지인을 고용할 경우에는 감정적인 요소로 인해 효율적인 운영이 어려워질 수 있으므로 신중하게 접근해야 한다.

현금흐름을 고려하지 않은 지출

창업자가 자주 간과하는 부분 중 하나는 현금흐름을 관리하지 않는 것이다. 매출이 발생하더라도 현금 유입이 늦어지는 경우가 많고, 고정 지출은 정해진 일정에 따라 계속 발생한다.

또한 재고 관리를 효율적으로 하지 못하면 불필요한 비용이 발생할 수 있다. 매입 단가를 낮추기 위해 대량 주문을 하지만, 재고가 지나치게 쌓이면 보관 비용이 증가하고, 유통기한이 있는 제품은 손실이 발생할 가능성이 크다. 따라서 창업 초기에는 적절한 수준의 재고를 유지하면서 매출 흐름을 분석하여 점진적으로 늘려가는 것이 안전하다.

외상 거래를 무분별하게 늘리는 것도 위험 요소이다. 거래처와의 관계를 고려해 지나치게 긴 결제 기한을 허용하면 현금이 부족해지는 상황이 발생한다. 반대로 매출이 발생했더라도 고객이 대금 지급을 늦추면 사업 운영에 차질이 생길 수 있으므로 거래 조건을 명확히 하고 자금 회전율을 고려하는 것이 중요하다.

핵심 정리

- 인테리어, 장비, 재고 등에 들어가는 초기 비용을 최소화하면서 점진적으로 확대하는 전략이 필요하다.
- 비싼 임대료와 불필요한 인건비 부담을 줄이고, 고정비와 변동비를 명확하게 구분한다.
- 재고 관리를 신중히 하고, 외상 거래와 결제 기한을 효과적으로 조정하여 안정적인 자금 흐름을 유지한다.

04

창업을 준비하는
가장 좋은 시기는 언제인가?

· · · · · ·

시장 상황과 트렌드 파악이 먼저다 ───────

창업을 결정하는 것은 단순한 순간적인 선택이 아니라 철저한 준비와 적절한 시기가 맞물려야 한다. '언제가 창업하기 좋은 시점일까?'라는 고민을 하지만 정답은 상황에 따라 다르다. 시장을 분석하고, 개인적인 준비 상태를 점검하면서 경제적인 환경을 고려하는 것이 중요하다.

창업의 성공 여부는 개인적인 역량뿐만 아니라 시장의 흐름과 트렌드에 따라 크게 영향을 받는다. 현재 어떤 업종이 성장하고 있는지, 소비 패턴이 어떻게 변화하고 있는지 분석하는 것이 필수이다.

코로나19 이후 언택트 소비 문화(Untact Consumption, 사람 간의 직접적인 접촉을 최소화하고 비대면으로 상품이나 서비스를 소비하는 형태를 말한다.)가 확산하면서 온라인 쇼핑, 배달 서비스, 무인 매장 등의 사업이 급격히 성장했다. 반대로 오프라인 중심의 일부 사업은 시장 축소를 경험하고 있다. 만약 외식업 창업을 한다면 단순한 식당 운영보다는 포장과 배달 중심의 모델을 고려하는 것이 경쟁력을 가질 수 있다.

개인적인 준비 상태를 점검한다 ─────────────

아무리 좋은 시장 환경이 조성되어 있더라도 본인이 창업할 준비가 되어 있지 않다면 성공 확률이 낮아진다. 창업을 시작하기 전에 자신의 역량과 경험을 객관적으로 점검하는 것이 필요하다.

우선, 사업을 운영할 기본적인 지식과 경험이 있는가 자문해본다. 창업은 단순히 아이디어만으로 이루어지는 것이 아니다. 운영, 마케팅, 재무 관리 등의 기본적인 역량이 필요하다. 만약 경험이 부족하다면 창업 전에 관련된 업종에서 일을 해보거나 창업 교육을 받는 것이 도움이 된다.

가족과 주변의 지지를 받을 수 있는지도 중요하다. 창업은 개인의 결정이지만 현실적으로 가족의 영향을 받을 수밖에 없다. 특히 사업 초반에는 수입이 불안정할 가능성이 크기 때문에 경제적·정신적 지지를 받을 수 있는 환경인지 점검해야 한다.

경제적인 여건을 고려한다 ───────────────

창업을 준비할 때 중요한 요소 중 하나는 경제적 준비 상태다. 사업을 시작하는 데 필요한 기본 자금뿐만 아니라 초기 운영 비용을 감당할 수 있는 여력이 있는지 중요하다.

대부분 사업은 창업 직후 바로 수익을 내기 어렵다. 일반적으로 최소 6개월에서 1년 정도는 적자를 감수해야 할 수도 있다. 따라서 초기 자본뿐만 아니라 적어도 6개월 이상 생활비와 운영비를 유지할 수 있는 자금을 확보한 상태에서 창업을 시작하는 것이 안정적이다.

창업 자금을 조달하는 방법도 중요하다. 개인 자금이 충분하지 않다면 정부 지원금, 창업 대출, 크라우드 펀딩 등의 다양한 방법을 고려해야 한다. 하지만 무리하게 대출을 받아 창업을 강행하는 것은 위험할 수 있으므로 반드시 사업 계획과 수익성을 철저히 검토해야 한다.

핵심 정리

◎ 업종별 성장 가능성과 시장의 흐름 및 소비자 트렌드를 파악한다.

◎ 경험, 지식, 가족의 지지 여부를 확인하고 부족한 부분을 보완한다.

◎ 창업 후 최소 6개월~1년간 운영할 수 있는 자금을 확보하고, 무리한 대출은 피한다.

05

창업 후 사업의 방향을 유연하게 바꾸는 방법

. . . . . .

시장 변화에 따른 신속한 대응이 중요하다 ────

사업을 시작한 후에는 예상치 못한 변수들이 계속해서 등장한다. 시장 환경이 변하거나 고객의 요구가 달라질 수 있고, 경쟁업체가 새로운 전략을 펼칠 수도 있다. 이럴 때 사업의 방향을 유연하게 조정할 수 있어야 생존 가능성이 커진다. 경직된 사고방식으로 고집을 부리면 오히려 사업이 위기에 빠진다. 창업자는 변화에 빠르게 적응하는 능력을 갖추고 있어야 한다.

사업을 운영하다 보면 처음 계획했던 것과 다른 시장 상황을 맞닥뜨린다. 지금은 기술 발전과 소비 트렌드의 변화가 빠르기 때문에 시장 변화에 대한 유연한 대응이 필수적이다.

코로나19 팬데믹으로 인해 많은 오프라인 매장들이 큰 타격을 입었지만, 발빠른 일부 창업자들은 온라인 판매나 배달 서비스를 신속하게 도입해 위기를 기회로 바꿨다. 전통적인 판매 방식에서 벗어나 네이버나 유튜브 등을 통한 라이브 커머스, SNS 마케팅, 정기 구독 모델 등을 활용하는 것도 좋은 방법이다.

시장 변화에 민첩하게 대응하기 위해서는 고객의 피드백을 지속적으로 수집하고, 업계 트렌드를 꾸준히 모니터링하는 것이 중요하다. 경쟁사들의 움직임을 살펴보고, 기존 고객의 반응을 체크하면서 변화에 따른 전략을 세워야 한다.

제품과 서비스 개선을 두려워하지 말아야 한다 ———

창업자들은 처음부터 완벽한 제품이나 서비스를 제공할 수 없다. 사업을 운영하면서 소비자의 피드백을 반영하고 지속적으로 개선해 나가는 과정이 필요하다.

카페를 창업한 사람이 처음에는 단순한 음료 메뉴만 제공했지만, 고객들의 요청에 따라 디저트를 추가하거나 브런치 메뉴를 도입하면 고객 만족도가 높아진다. 미용실을 운영하는 경우에도 단순한 커트 서비스만 제공하는 것이 아니라 두피 관리, 메이크업, 스타일링 컨설팅 등의 추가 서비스를 접목하면 차별화할 수 있다. 음식점인 경우에도 한식 백반 메뉴만 제공했다면, 포장 도시락이나 직장인 맞춤 식단을 추가로 도입하면 고객 만족도가 높아진다.

이처럼 고객의 반응을 적극적으로 반영하면서 제품과 서비스를 개선하면 시장에서 오랫동안 살아남을 가능성이 크다.

사업 모델 전환도 고려한다

기존의 사업 방식으로는 더 이상 성장이 어렵거나 생존 자체가 힘들어질 수 있다. 이럴 때는 사업 모델을 일부 수정하거나 과감하게 방향을 전환하는 것도 하나의 생존 방법이다.

예를 들어 기존에 오프라인 매장에서만 판매하던 업체가 온라인 쇼핑몰을 추가 운영하거나 B2B(기업 간 거래) 시장으로 확장하는 것이 좋은 전략이 될 수 있다. 실제로 많은 오프라인 기반 브랜드들이 온라인 플랫폼을 활용해 새로운 고객층을 확보하고 있다.

기존에 단순한 제품 판매를 하던 사업자가 렌탈 서비스, 구독 경제 모델, 맞춤 제작 서비스 등으로 비즈니스 모델을 전환하면 경쟁력을 높일 수 있다. 중요한 것은 사업의 핵심 가치를 유지하면서도 시대 변화에 맞게 유연하게 대응하는 것이다.

핵심 정리

◎ 소비 트렌드와 경쟁업체를 주기적으로 모니터링해서 고객의 요구에 맞춰 대응한다.

◎ 고객 피드백을 적극적으로 반영하여 더 나은 서비스 제공 방법을 모색한다.

◎ 기존 방식이 한계 상황에 도달하면 온라인 진출, 정기구독 모델, 추가 서비스 도입 등을 검토한다.

06

고객 피드백을
수용하고 반영하는 전략

• • • • • •

고객 피드백을 효과적으로 수집하는 방법

창업 후 성공적인 사업을 운영하려면 고객의 의견을 적극적으로 수용하고 반영해야 한다. 제품과 서비스는 완벽할 수 없기 때문에 고객과의 지속적인 소통을 통해 개선해 나가는 과정이 필요하다.

고객의 피드백은 단순한 제품과 서비스에 대한 의견만이 아니라 사업의 방향을 결정하는 중요한 데이터가 된다. 이를 효과적으로 수집하고 반영하는 전략을 마련해야 한다.

고객 피드백을 받는 방법은 매우 다양하지만, 이를 체계적으로 관리하지 않으면 제대로 활용하기 어렵다. 창업자는 다양한 채널을 활용해 고객 의견을 적극적으로 모니터링하고 이를 사업에 반영할 준비가 되어 있어야 한다.

먼저, 리뷰 및 설문조사를 활용한다. 네이버 및 구글, 배달앱 등 플랫폼 업체의 리뷰를 체크하고, 고객이 쉽게 의견을 남길 수 있도록 온라인 설문조사를 진행한다. 단골고객에게 직접 피드백을 요청하는 것도 좋은 방법이다.

아울러 SNS와 커뮤니티를 적극적으로 이용해 고객의 피드백을 수집한다. 인스타그램, 블로그, 페이스북 등을 활용해 고객 반응을 체크하고, 댓글과 메시지를 통해 의견을 조사한다. 온라인 커뮤니티에서 관련 업계 의견을 모니터링하는 것도 도움이 된다.

고객과의 직접적인 대화도 중요하다. 오프라인 매장이라면 직원들이 고객에게 직접 피드백을 요청할 수 있도록 유도해야 한다. 단순한 인사나 서비스 만족도를 묻는 것만으로도 고객의 의견을 이끌어낼 수 있다.

고객 피드백을 효과적으로 반영하는 전략

고객의 의견을 수집하는 것만큼이나 중요한 것이 이를 실제 사업에 반영하는 과정이다. 단순히 듣기만 하는 것이 아니라 실질적인 변화를 만들어야 고객 만족도가 높아진다.

이를 위해 가장 먼저 해야 할 일은 반복적으로 나오는 불만 사항을 개선하는 것이다. 카페 운영 시 '커피가 너무 쓰다'라는 의견이 자주 나온다면 레시피를 조정하거나 연한 옵션을 추가하는 등의 개선이 필요하다.

고객의 요구에 맞춰 새로운 기능이나 서비스를 추가하는 것도 고려해야 한다. 피트니스 센터를 운영하는데 '운동 후 샤워 시설이 부족해 너무 불편하다'는 의견이 많으면 추가적인 시설 확충으로 고객 만족도를 높여야 한다.

무엇보다 빠른 실행과 반영 과정을 고객과 공유하는 것이 중요하다. 고객 피드백을 반영해 개선한 사항이 있으면 이를 적극적으로 홍보해야 한다. 예를 들어 '고객님의 의견을 반영해 ○○○ 서비스를 개선했습니다'라고 공지하면, 고객들은 자신들의 의견이 실제로 반영되었다는 신뢰를 갖게 된다.

부정적인 피드백을 관리하는 방법

사업을 운영하다 보면 긍정적인 피드백뿐만 아니라 부정적인 피드백도 반드시 발생한다. 이에 어떻게 대응하느냐에 따라 브랜드 이미지가 달라진다.

우선, 부정적인 리뷰나 불만이 발생하면 신속하게 대응해야 한다. 예를 들어 음식이 늦게 배달되었다는 불만이 들어오면 '불편을 끼쳐 드려 죄송합니다. 다음 주문 시 할인 쿠폰을 제공하겠습니다'와 같은 대응이 효과적이다.

고객과 감정적으로 대응하지 않는 것도 중요하다. 불만을 가진 고객이 무리한 요구를 하더라도 차분하고 친절한 태도로 대응해야 한다. 불필요한 논쟁을 피하고, 문제 해결을 위한 대안을 제시하는 것이 바람직하다.

문제를 해결한 후에는 추가적인 피드백을 요청해야 한다. '이번 개선된 서비스에 대한 의견을 알려주세요'와 같이 후속 조치를 진행하면 고객 만족도를 더욱 높일 수 있다.

- 리뷰, 설문 조사, SNS, 직접적인 대화를 활용해 고객 의견을 체계적으로 모은다.
- 반복적인 불만을 개선하고, 고객이 원하는 서비스를 추가하며, 개선 사항을 공유한다.
- 신속한 문제 해결, 감정적인 대응 자제, 문제 해결 후 추가 피드백 요청으로 고객 신뢰도를 높인다.

07

창업 초기 6개월을
어떻게 운영할 것인가?

· · · · · ·

사업 운영의 기초

창업 초기 6개월 동안에는 사업의 기초를 탄탄하게 다져야 한다. 매출을 올리는 것도 중요하지만, 사업의 운영 시스템이 제대로 갖춰지지 않으면 장기적으로 지속하기 어렵다.

먼저, 운영 프로세스를 정립해야 한다. 오프라인 매장을 운영하는 경우라면 제품 생산, 재고 관리, 고객 응대, 매출 정산 등의 과정이 원활하게 이루어지는지 점검해야 한다. 온라인 비즈니스라면 주문 처리, 배송, 고객 서비스 체계를 정리해야 한다.

사업 초반에 운영상의 문제점을 신속하게 개선하는 것도 중요하다. 음식점을 오픈했는데 배달 시간이 너무 오래 걸린다면, 직원 배치와 동선 조정을 통해 시간을 단축할 방안을 마련해야 한다.

이 시기에는 사업의 방향성을 다시 한번 점검하는 것이 필요하다.

매출이 기대만큼 나오지 않는다면 초기 사업 계획과 실제 시장 반응을 비교해 보고, 필요한 경우 빠르게 전략을 수정해야 한다.

고객 확보와 신뢰 구축

사업 초반에는 한 번 방문한 고객이 단골이 될 수 있도록 체계적인 고객 관리 전략이 필요하다.

먼저, 초기 고객을 확보하는 전략을 마련한다. 지역 기반 사업이라면 오픈 이벤트, 할인 쿠폰 제공 등을 활용해 초기 고객을 유치해야 한다. 온라인 사업이라면 SNS 광고, 검색엔진 마케팅, 인플루언서 협업 등을 통해 빠르게 시장에 진입할 필요가 있다.

고객의 피드백을 적극적으로 반영하는 것도 중요하다. 제품이나 서비스에 대한 고객의 의견을 수집하고 개선점을 찾아 반영하면 만족도를 높이고 입소문 효과를 기대할 수 있다. 카페를 운영하는 경우 '디카페인 옵션이 있었으면 좋겠다'는 의견이 많다면 메뉴를 추가해 고객 요구를 반영해야 한다.

고객과의 신뢰를 구축하기 위해서는 일관된 서비스 품질을 유지해야 한다. 매장 직원이 바뀌거나 초기 프로모션이 끝난 후 서비스 질이 낮아지면 고객 이탈이 빠르게 일어난다. 이를 방지하기 위해 서비스 매뉴얼을 만들고 직원 교육을 지속적으로 진행해야 한다. 고객 피드백을 정기적으로 수집하고 이를 서비스 개선에 반영해서 고객이 변화를 체감하고 신뢰를 지속적으로 쌓을 수 있도록 해야 한다.

자금 관리와 비용 절감 전략

창업 초기에는 자금이 빠르게 소진되므로 철저한 자금 관리가 필요하다. 대부분 창업자는 초기 비용을 과소평가하는 실수를 저지르는데, 운영 비용이 예상보다 빠르게 증가할 수 있다는 점을 고려해야 한다.

우선, 초기 지출을 최소화하는 전략이 필요하다. 불필요한 마케팅 비용을 줄이고, 꼭 필요한 운영 비용만 지출해야 한다. 예를 들어 굳이 비싼 인테리어 공사를 할 필요 없이 최소한의 비용으로도 매장을 꾸밀 방법을 찾아야 한다.

비용 절감뿐만 아니라 매출을 안정적으로 확보하는 전략도 필요하다. 창업 초기에는 단기 매출 목표를 설정하고, 이를 달성하기 위한 마케팅 계획을 수립해야 한다. 가령, 배달 전문 식당이라면 배달앱 프로모션을 활용해 빠르게 고객을 유치하고 재구매율을 높여야 한다.

핵심 정리

◉ 창업 초기 6개월 동안 사업의 기초를 다지고, 운영상의 문제점을 신속하게 개선한다.

◉ 초기 고객을 유치하고, 피드백을 적극 반영하며, 일관된 서비스 품질을 유지한다.

◉ 초기 비용을 최소화하고, 현금흐름을 철저히 관리하며, 매출 확보 전략을 세운다.

08

창업자가 간과하는
법률적 문제

. . . . . .

사업자 등록과 세금 신고의 기본 이해 ───────

창업을 준비할 때 대부분 창업자는 원론적인 매출 증대 방안에만 집중
하려는 경향이 있다. 하지만 법률적 문제를 간과하면 나중에 큰 리스
크로 돌아온다. 사업을 시작하기 전에 법적 요건을 철저히 확인하고,
운영 과정에서 발생할 수 있는 법적 이슈에 미리 대비해야 한다.

보통 사업자 등록을 간단한 행정 절차로만 생각하지만, 사업자 유형
에 따라 세금 부담과 법적 책임이 달라진다. 개인 사업자로 등록할 것
인지, 법인 사업자로 등록할 것인지에 따라 세금과 회계 관리 방식이
크게 달라지므로 신중한 결정이 필요하다.

개인 사업자는 세금 신고가 상대적으로 간단하지만, 사업 실패 시
개인이 모든 채무를 책임져야 한다. 반면, 법인 사업자는 법인 자체가
독립된 주체로 인정되므로 개인이 모든 부담을 질 필요는 없지만, 법적

절차와 세무 관리가 더 복잡하다.

창업자는 부가가치세, 소득세, 법인세, 4대 보험 등 반드시 알아야 할 기본적인 세무 지식이 필요하다. 이를 간과하면 세금 신고 시 불이익을 받을 수 있으며, 가산세 등의 추가 비용이 발생할 수 있다.

계약서 작성과 법적 보호 장치

창업자들이 흔히 간과하는 부분 중 하나가 계약서 작성의 중요성이다. 초기에는 믿을 만한 거래처, 직원, 공동 창업자와 사업을 시작한다고 생각하지만, 명확한 계약서 없이 사업을 운영하면 나중에 큰 분쟁이 발생할 가능성이 크다.

오프라인 매장을 운영할 경우에는 점포 임대 계약서를 꼼꼼히 검토해야 한다. 계약 기간, 보증금 반환 조건, 임대료 인상 조건 등을 사전에 확인하지 않으면 예상치 못한 추가 비용이 발생할 수 있다. 특히 계약 해지 조항을 명확히 확인해야 중도 해약 시 불이익을 피할 수 있다.

제품을 공급받는 업체와 거래할 때는 납품 일정, 품질 기준, 위약금 조건 등을 명확히 정해야 한다. 또한 직원 채용 시 근로계약서를 작성하지 않으면 급여, 근로시간, 퇴직금 문제로 법적 분쟁이 발생할 수 있다.

지적 재산권과 상표권 보호

많은 창업자가 상표 등록이나 특허 출원을 나중에 해도 된다고 생각하지만, 사업 초기에 반드시 지적 재산권을 확보해야 한다.

사업이 성공적으로 성장한 후 상표 등록을 하려고 하면 이미 다른 업체가 동일 상표를 선점했을 가능성이 있다. 그러면 브랜드명을 변경해야 하는 상황이 발생할 수 있다. 따라서 사업 시작 전에 상표권을 선점하여 보호하는 것이 중요하다.

디자인, 콘텐츠, 제품 개발 등에서 창의적인 요소가 포함된 경우에는 저작권 보호를 위한 조치를 해야 하고, 특허 출원을 통해 독창적인 기술을 보호해야 한다. 경쟁이 치열한 시장에서 내 아이디어를 보호할 수 있는 법적 장치를 마련하는 것은 선택이 아니라 필수이다.

핵심 정리

◎ 개인 사업자와 법인 사업자의 차이를 이해하고 세무 관리 기본 지식을 익힌다.

◎ 임대 계약, 직원 계약, 공급업체 계약을 철저히 검토하고 법적 분쟁을 방지한다.

◎ 상표 등록, 저작권 보호, 특허 출원을 통해 사업의 핵심 자산을 지킨다.

09

지속적 성장을 위한
로드맵 만들기

· · · · · ·

비즈니스 모델 지속적으로 개선

창업 초기 성공에 안주하다가 점차 경쟁에서 밀려나는 창업자가 많다. 안정적인 매출을 유지하고 사업을 확장하려면 장기적인 성장 전략이 있어야 한다. 이를 위해 체계적인 로드맵을 만들고 이를 실행하는 노력이 필요하다.

사업을 지속하려면 비즈니스 모델을 정기적으로 점검하고 개선해야 한다. 소비자의 니즈는 끊임없이 변화하고 시장 상황도 예측할 수 없기 때문에 한 가지 방식에 고착되지 말고 유연한 접근이 필요하다.

먼저, 고객의 피드백을 적극 반영해야 한다. 초기에 좋은 반응을 얻었던 제품이나 서비스도 시간이 지나면서 고객의 요구가 바뀔 수 있다. 카페를 운영하는 경우, 초기에는 단순한 아메리카노가 인기였지만 점차 건강한 음료를 찾는 고객이 많아진다면, 저당 음료나 비건 베이커리 메뉴를 추가하는 것이 필요하다.

또한 데이터를 기반으로 사업 방향을 조정해야 한다. 판매 데이터, 고객 리뷰, 시장 트렌드 등을 분석해 고객이 원하는 방향으로 제품이나 서비스를 발전시켜야 한다. 배달 전문 음식점이라면 고객이 주로 어떤 시간대에 주문하는지 분석하고, 피크 타임에 맞춰 운영 전략을 조정해야 한다.

브랜드 차별성과 충성 고객 확보 전략

창업자는 초기에 고객을 모으는 데 집중하지만, 장기적으로는 고객을 유지하는 것이 더 중요하다. 이를 위해 브랜드 차별성을 확립하고, 충성 고객을 확보하는 전략이 필요하다.

무엇보다 브랜드 아이덴티티를 확립해야 한다. 단순히 제품을 판매하는 것이 아니라 브랜드의 정체성과 가치를 고객에게 전달해야 한다. 친환경 가치를 내세운 제로 웨이스트 매장이라면 포장재를 줄이는 노력뿐만 아니라 브랜드 메시지를 일관되게 전달해야 한다.

단골고객을 만드는 전략도 필요하다. 신규 고객을 유치하는 것보다 기존 고객을 유지하는 것이 비용 면에서 훨씬 효율적이다. 이를 위해 멤버십 프로그램, 포인트 적립, VIP 고객 관리 등 다양한 방법을 활용한다. 소셜 미디어를 활용한 소통도 단골고객을 만드는 데 효과적이다. 정기적인 이벤트나 단골고객의 피드백을 반영하여 신메뉴를 출시하는 등 참여를 유도하면 브랜드에 대한 애착을 키울 수 있다.

사업 확장을 위한 준비와 실행

창업이 어느 정도 안정되면 사업 확장을 고려해야 한다. 하지만 무리한 확장은 사업에 부담을 줄 수 있으므로 신중하게 접근해야 한다.

먼저, 확장 전 철저한 시장조사가 필요하다. 새로운 지역으로 매장을 확대하거나 온라인 판매를 늘리려면 해당 시장의 수요와 경쟁 상황을 분석해야 한다. 오프라인 매장을 추가로 열 계획이라면 기존 매장에서 가장 많이 오는 고객층을 분석해 비슷한 소비 패턴을 가진 지역을 선택한다.

운영 시스템도 정비해야 한다. 한 개의 매장을 운영할 때와 여러 개의 매장을 운영할 때 필요한 시스템이 다르다. 재고 관리, 직원 교육, 고객 응대 등 표준화된 운영 매뉴얼이 필요하며, 이를 통해 서비스 품질을 일정하게 유지해야 한다.

온라인 채널을 적극 활용하는 것도 좋은 확장 전략이다. 기존 오프라인 사업에 온라인 판매를 추가하거나 SNS를 활용해 고객과의 접점을 늘려야 한다. 로컬 브랜드라면 오픈마켓을 통해 전국 단위로 판매 채널을 확장한다.

핵심 정리

◎ 고객 피드백과 데이터 분석을 기반으로 지속적인 변화가 필요하다.

◎ 단골고객 확보 전략을 마련하고, 브랜드 정체성을 명확히 한다.

◎ 사업 확장 전 시장조사를 철저히 하고, 운영 시스템을 정비한 후 신중하게 실행한다.

창업 1~5년 차
목표 설정 방법

· · · · · ·

창업 1년 차:
생존과 사업 기반 다지기

많은 창업자가 '일단 시작하면 어떻게든 되겠지'라는 생각으로 사업을 운영하지만, 목표 없이 운영하면 방향을 잃고 결국 생존율이 낮아진다.

창업 첫해는 생존이 최우선 목표다. 이 시기는 사업이 시장에 적응하는 단계이며, 매출이 들쭉날쭉하고 예상치 못한 문제가 계속 발생한다.

창업 1년 차 목표는 '안정적인 매출 흐름을 확보하는 것'이다. 이를 위해 고객 기반을 형성하고, 제품이나 서비스의 시장 적합성을 테스트해야 한다. 고객 리뷰를 적극 수집하고, 단골고객을 확보하는 것이 핵심 전략이다.

또한 운영 시스템을 최적화해야 한다. 비용을 절감하고 효율적인 재고 관리 및 고객 대응 방식을 정립한다. 카페를 운영하는 창업자라면 인기 있는 메뉴와 수익성이 낮은 메뉴를 분석해서 판매 전략을 조정해야 한다.

창업 3년 차:
수익성 강화와 사업 확장 전략 세우기 ──────

창업 3년 차에는 수익성을 강화하고 사업 확장 준비를 해야 한다. 많은 창업자가 3년 안에 사업을 접는 이유는 운영은 안정되었지만 지속적인 성장 전략이 없기 때문이다.

창업 3년 차 목표는 '수익성 개선과 사업 확장 가능성 타진'이다. 이 시기에는 단순한 매출 증가보다 영업이익을 높이는 것이 중요하다. 이를 위해 비용 절감, 운영 최적화, 마케팅 강화를 실행해야 한다. 예를 들어 기존 고객의 재방문율을 높이기 위해 멤버십 프로그램을 도입한다.

또한 사업 확장을 고민해야 하는 시기이기도 하다. 매장 추가 오픈, 신규 제품 출시, 온라인 판매 확대 등 다양한 방식이 있다. 하지만 무리한 확장은 실패로 이어질 수 있으므로 시장조사를 철저히 하고 실행 가능성을 점검해야 한다.

사업의 브랜드 강화에도 신경 써야 한다. 브랜드 인지도를 높이기 위해 SNS 마케팅이나 고객 커뮤니티 활성화를 통해 고객과 지속적으로 소통하는 것이 중요하다. 이를 통해 브랜드 충성도를 높이고, 자연스러운 입소문을 유도한다.

창업 5년 차:
브랜드 확립과 지속 가능 성장 전략 수립하기 ─────

창업 5년 차에 접어들면 사업의 장기적인 지속 가능성을 고민해야 한다. 많은 창업자가 이 시점에서 성공과 실패를 가르는 중요한 결정을 내리게 된다.

창업 5년 차 목표는 '브랜드 확립과 사업의 지속 가능성 강화'다. 이 단계에서는 경쟁력을 더욱 공고히 하고 브랜드 가치를 확립하는 것이 중요하다. 단순히 제품을 판매하는 것이 아니라 고객이 브랜드를 신뢰하고 지속적으로 찾을 수 있도록 만들어야 한다.

또한 운영 시스템을 더욱 체계적으로 정비해야 한다. 매뉴얼을 구축하고, 직원 교육 시스템을 마련하여 사업이 창업자의 직접적인 개입 없이도 원활히 운영될 수 있도록 만든다.

핵심 정리 ─────

- ◉ 창업 1년 차에는 생존이 최우선이며, 고객 기반을 확보하고 운영 시스템을 최적화한다.
- ◉ 창업 3년 차는 수익성 개선과 사업 확장 가능성을 점검하는 단계로서 무리한 확장은 피하면서 성장 전략을 구체화한다.
- ◉ 창업 5년 차에는 브랜드를 확립하고 지속 가능한 성장을 위한 기반을 다지며, 운영 시스템을 체계화하여 장기적인 성장 방향을 설정한다.

예비 창업를 위한
현실 조언

· · · · ·

01

창업 후 가장
힘든 순간과 극복 방법

......

자금 압박과 운영비 부담

창업 후 가장 먼저 부딪히는 현실적인 어려움은 자금 문제다. 초기에는 예상보다 큰 비용이 들어가고, 매출이 기대만큼 나오지 않아 운영비 압박이 심해질 수 있다. 많은 창업자가 6개월에서 1년 사이에 자금난으로 인해 사업을 중단하게 된다.

이를 극복하려면 초기 비용을 철저히 관리하고, 자금 흐름을 안정적으로 운영하는 것이 핵심이다. 따라서 고정비를 줄이는 것이 가장 효과적인 방법이며, 필수 비용과 불필요한 지출을 명확히 구분해야 한다.

대체 자금원을 미리 확보하는 전략도 필요하다. 정부 지원금, 소상공인 대출, 크라우드 펀딩 등을 활용해 자금 유동성을 확보하고, 급한 상황에서도 사업을 지속할 방안을 마련해야 한다.

매출 부진과 고객 확보 문제

창업자는 초기에 기대한 만큼의 매출이 나오지 않아 어려움을 겪는다. 창업 전 철저한 시장조사를 했다고 해도 실제 사업을 운영하면서 고객을 확보하는 과정은 또 다른 문제다.

이를 해결하기 위해서는 적극적인 홍보와 마케팅이 필수적이다. 단순히 가게를 오픈했다고 해서 고객이 자동으로 찾아오는 것이 아니다. 온라인과 오프라인 마케팅을 병행하고, SNS 및 지역 커뮤니티 등을 활용해 지속해서 브랜드를 알리는 노력이 필요하다. 작은 음식점을 운영하더라도 배달 플랫폼을 적극적으로 활용하고, 지역 주민 대상의 할인 이벤트 등의 마케팅 방안을 마련하여 꾸준히 진행해야 한다.

기존 고객을 유지하는 전략도 중요하다. 신규 고객 유치보다 기존 고객의 재방문율을 높이는 것이 장기적으로 더 안정적인 매출을 만드는 데 유리하다. 정기적인 프로모션, 단골고객 혜택, 고객 맞춤형 서비스 제공 등을 통해 꾸준한 방문을 유도해야 한다.

정신적 스트레스와 멘탈 관리

사업을 혼자 운영하다 보면 불안감과 피로가 쌓이고 실패에 대한 두려움이 커진다. 이로 인해 창업자의 건강이 나빠지고 심리적으로 지쳐 사업을 지속할 수 없는 상태가 되기도 한다. 이를 예방하려면 건강 관리와 스트레스 해소 방법을 적극적으로 찾아야 한다.

첫째, 건강 관리는 사업 지속성에 직접적인 영향을 미치므로 규칙적인 생활 패턴을 유지하고, 충분한 수면과 운동을 병행한다. 단기적인 수익을 위해 무리하게 일하다가 건강을 해치면 장기적으로 더 큰 손실을 초래한다.

둘째, 멘토나 동료 창업자들과의 네트워크를 구축한다. 같은 고민을 공유할 수 있는 사람들과 교류하며 현실적인 조언을 듣고, 심리적인 부담을 줄이는 것이 효과적이다.

셋째, 실패를 두려워하지 않고 유연한 사고방식을 가진다. 창업은 예상대로 흘러가지 않는 경우가 많다. 처음 계획한 방향이 막히더라도 다른 방법을 찾아 유연하게 대처하는 태도가 필요하다.

핵심 정리

- ◎ 초기 비용을 철저히 관리하고, 대체 자금원을 미리 확보한다.
- ◎ 적극적인 홍보, 기존 고객 유지 전략, 다양한 마케팅 방안으로 매출 부진을 극복한다.
- ◎ 창업자 자신의 건강을 유지하고, 네트워크를 통해 조언을 얻으며, 실패를 두려워하지 않는 태도를 가진다.

02

창업 후 일과 삶의
균형 유지 방법

· · · · · ·

업무량 조절과 효율적인 운영

창업자는 모든 업무를 혼자 감당하려는 경향이 있다. 매출 관리, 마케팅, 고객 응대, 제품 개발까지 모든 걸 직접 해결하려다 보면 피로가 누적되고 스트레스가 계속 쌓여 간다. 이를 방지하려면 업무의 우선순위를 정하고, 효율적인 운영 시스템을 구축해야 한다.

먼저, 매출과 직결되는 업무에 집중하고, 불필요한 작업은 과감히 줄인다. 카페를 운영하는 창업자라면 SNS 마케팅을 자동화하거나 직원 교육을 체계화하여 업무 부담을 줄이는 것이 필요하다.

업무 분담을 적극적으로 활용하는 것도 좋은 방법이다. 혼자 모든 걸 해결하려는 태도보다는 직원이나 아르바이트생을 적절히 활용하여 운영의 효율성을 높일 필요가 있다. 역할과 책임을 명확히 정해 의사소통 오류를 줄이면 생산성과 만족도도 함께 높일 수 있다.

정신적 관리와 지속 가능한 창업 마인드 ────────

창업 과정에서 심리적 압박은 또 하나의 부담감으로 다가온다. 사업 운영 중 예상치 못한 문제가 발생하면 불안감과 스트레스가 극대화된다. 이를 예방하려면 건강한 마인드셋과 정기적인 스트레스 관리가 중요하다.

먼저, 완벽주의를 버리고 현실적인 목표를 설정한다. 모든 걸 완벽하게 하려는 태도는 오히려 창업자의 스트레스를 증가시키고 장기적인 지속 가능성을 떨어뜨린다.

또한 실패를 성장 과정의 일부로 받아들이는 태도가 필요하다. 사업을 하다 보면 예상대로 풀리지 않는 경우가 많다. 중요한 것은 실패를 빠르게 인정하고, 그 과정에서 얻은 교훈을 사업 운영에 반영해야 한다는 것이다.

멘토나 동료 창업자들과 네트워크를 형성하는 것도 정신적 안정에 도움이 된다. 창업 과정에서 겪는 문제를 공유하고 조언을 나누면 심리적 부담을 줄일 수 있다.

일과 삶의 균형 유지 ────────────

창업자는 사업에 몰입하는 과정에서 개인적인 삶을 희생하기도 한다. 하지만 장기적으로 보면, 일과 삶의 균형이 유지되지 않으면 오히려 사업 지속 가능성이 낮아진다.

규칙적인 생활 패턴을 유지하는 것이 중요한데, 충분한 수면과 건강한 식습관을 유지해야 장기적인 업무 지속성이 가능하다. 지나치게 긴 근무 시간은 창업자의 건강을 해치고, 오히려 생산성을 저하시킨다.

적절한 휴식과 재충전 시간을 확보하는 것도 필요하다. 일주일에 한 번은 사업에서 완전히 벗어나 개인적인 시간을 가지는 것이 정신적 회복에 도움이 된다. 아울러 가족 및 친구와의 관계도 꾸준히 유지해야 한다.

창업자의 정서적 안정감은 사업 운영에 직접적인 영향을 미치며, 정신적 탈진을 예방하는 데 중요한 요소가 된다.

핵심 정리

◎ 매출과 직결되는 핵심 업무에 집중하고, 마케팅 자동화 및 업무 분담을 활용한다.

◎ 완벽주의를 버리고, 실패를 성장 과정으로 받아들이며, 멘토 및 네트워크를 활용한다.

◎ 건강한 생활 습관을 유지하고, 충분한 휴식과 정서적 안정을 확보한다.

03

창업자가 흔히
저지르는 실수

· · · · · ·

시장조사의 부족이 부르는 실패 ─────────

창업을 준비하는 과정에서 예비 창업자는 기대와 설렘으로 가득 차 있다. 하지만 실제 사업을 운영해 보면 초기 단계에서 예상치 못한 실수들로 인해 사업이 흔들리는 경우가 많다. 창업자들이 흔히 저지르는 실수들을 미리 알고 예방한다면 실패 확률을 줄이고 안정적인 사업 운영이 가능하다.

창업의 첫 단계에서 중요한 것이 시장조사다. 하지만 많은 창업자가 시장조사를 제대로 하지 않고, '이 정도면 될 거야'라는 막연한 기대감으로 사업을 시작한다. 그 결과 예상했던 고객층과 실제 시장의 반응이 달라 수익을 내지 못한다.

예를 들어 인기 있는 디저트 카페를 보고 비슷한 콘셉트로 창업했지만, 주변에 유사한 가게가 많아 경쟁에서 밀리는 경우가 있다. 이는 시장조사 없이 단순한 트렌드만 따라가다 보니 생긴 문제다.

시장조사를 소홀히 하면 잘못된 입지 선정, 목표 고객층의 불일치, 경쟁 강도 과소평가 등의 문제가 발생한다. 이를 예방하려면 창업 전에 상권 분석, 경쟁 업체 조사, 소비자 니즈 파악을 철저히 해야 한다.

예비 창업자는 실제 고객의 피드백을 직접 받아보고, 유사 업종에서 단기 아르바이트를 해보는 것도 큰 도움이 된다. 같은 분야에서 직접 현장을 경험하면 창업 후 마주할 수 있는 문제점을 알 수 있고, 실제 운영 방식 등을 생생하게 배울 수 있다.

초기 자금 과다 지출의 위험

창업자가 흔히 저지르는 또 다른 실수는 초기 투자 비용을 과도하게 사용하는 것이다. 특히 매장을 꾸미는 인테리어, 불필요한 고급 장비 구입, 과도한 재고 확보 등에 돈을 쏟아붓는 경우가 많다.

소규모 카페 창업자가 비싼 원두 기계와 고급 인테리어에 많은 돈을 투자했지만, 정작 초기 운영자금이 부족해 홍보와 마케팅을 할 여력이 없게 되는 경우가 있다. 결국 고객 유치에 실패하면서 초기 비용을 회수하지 못하고 폐업하게 된다.

초기 자금은 반드시 필수적인 부분에 집중 투자하고, 절약할 수 있는 부분은 최소한으로 유지해야 한다. 특히 운영자금(월세, 인건비, 마케팅 비용 등)은 최소 6개월 이상 확보하는 것이 안정적인 창업의 핵심 요소다.

운영 미숙과 고객 관리 실패

많은 창업자가 창업 후 실제 운영 과정에서 발생하는 문제들을 제대로 해결하지 못해 어려움을 겪는다. 이는 창업 준비 과정에서 실전 경험이 부족한 경우 흔히 발생하는 실수이며, 이러한 운영 미숙은 결국 고객 이탈을 불러온다.

❶ 고객 응대 미숙

소상공인은 고객과 직접 소통하는 것이 중요한데, 불만이 발생했을 때 이를 제대로 해결하지 못하면 단골고객을 잃게 된다. 고객과의 신뢰 형성이 중요하다.

❷ 재고 관리 실패

음식점 및 소매업의 경우 재고 관리를 제대로 하지 않으면 불필요한 비용이 발생한다. 유통기한이 있는 제품을 다루는 업종에서는 특히 중요한 요소다.

❸ 온라인 마케팅 소홀

지금은 오프라인 매장이라도 온라인 홍보가 필수적인 시대다. 하지만 많은 창업자가 SNS, 온라인 광고 등을 제대로 활용하지 않고 입소문만을 기대하는 실수를 범한다.

운영 미숙을 방지하려면 창업 전에 단기간이라도 실전 경험을 쌓아야 한다. 비슷한 업종에서 1~2개월 아르바이트를 해보는 것만으로도 실제 운영 노하우를 배울 수 있다.

창업 후에는 고객 피드백을 빠르게 반영하고, 마케팅 전략을 꾸준히 수정해 나가는 것이 중요하다.

핵심 정리

◉ 창업 전 충분한 시장조사와 경쟁 분석은 필수이다.

◉ 초기 자금은 전략적으로 사용하고, 필수 투자와 불필요한 지출을 구분하며, 운영자금을 확보한다.

◉ 운영 미숙은 고객 이탈을 불러오므로 고객 응대, 재고 관리, 온라인 마케팅을 철저히 준비한다.

04

창업을 결심했다면
반드시 알아야 할 현실

. . . . . .

창업에는 막대한 경제적 부담이 따른다 ———

창업을 결심하는 순간, 기대와 설렘이 크겠지만 현실은 그리 단순하지 않다. 창업자는 열정을 가지고 출발하지만, 실제 사업 운영 과정에서 예상치 못한 어려움에 부딪힌다. 창업은 단순한 꿈이 아니라 철저한 준비와 현실적인 판단이 필요한 과정이다.

창업에는 필수적인 초기 비용이 들어간다. 하지만 창업 비용을 정확히 예측하지 못해 자금 부족에 시달리는 경우가 많다. 초기 자금은 임대료, 인테리어비, 제품 및 원자재 구입비 등 다양한 요소로 구성된다.

소규모 카페 창업 시, 단순히 인테리어비와 장비 구입비만 고려하고 운영자금(월세, 인건비, 원재료비 등)을 충분히 확보하지 않으면 몇 달 만에 자금난에 빠질 가능성이 크다.

따라서 예상보다 돈이 훨씬 더 많이 들어간다는 점을 반드시 염두에 두어야 한다. 초기 비용뿐만 아니라 예기치 않은 추가 비용(장비 고장, 세금, 광고비 증가 등)에 대비한 비상자금도 준비해야 한다.

시간과 노동 강도를 감당할 각오가 필요하다 ────────

창업은 단순히 자율적인 삶을 추구하는 것이 아니다. 오히려 창업자는 직장인보다 훨씬 많은 시간과 노동을 투자해야 한다. 창업 초기에는 주말과 공휴일 없이 하루 12시간 이상 일하게 되는 경우도 흔하다.

음식점을 운영하면 재료 준비, 조리, 손님 응대, 매장 청소까지 직접 해야 하는 경우가 많다. 마찬가지로 온라인 쇼핑몰을 운영하는 경우도 주문 관리, 고객 응대, 배송 업무 등으로 바쁜 하루를 보내야 한다.

창업하면 단순히 사장이 되는 것이 아니라 매장 관리인, 마케터, 회계 담당자, 고객 서비스 담당자 역할까지 동시에 수행해야 한다. 따라서 본인의 성향이 창업자의 라이프 스타일과 맞는지 고민해야 한다.

창업자는 일과 삶의 균형을 기대하기보다는 사업이 안정되기 전까지는 극도로 바쁜 일정이 지속될 가능성이 크다는 점을 인지해야 한다.

심리적 스트레스와 책임감은 더욱 커진다 ────────

창업자는 직원과 고객, 사업 운영 전반에 대한 책임을 져야 한다. 이 과정에서 발생하는 심리적 스트레스는 상당히 크며, 사업이 어려워질수록 부담감도 커진다.

❶ 매출이 기대보다 낮거나 손실이 발생하면 심리적 압박이 극심하다.

❷ 직원과의 관계, 고객 불만, 예상치 못한 문제가 반복되며 스트레스가 누적된다.

❸ 따라서 창업 후 처음 맞닥뜨리는 실패나 난관을 극복할 수 있는 정신력이 필요하다.

작은 분식점을 운영하더라도 예상보다 매출이 나오지 않아 월세를 감당하기 어려운 상황이 발생하면 그 스트레스는 매우 클 수밖에 없다.

이런 문제를 예방하려면 창업 전에 현실적인 리스크를 충분히 고려하고, 위기 상황에서도 냉정한 판단을 내릴 수 있도록 마인드셋을 준비하는 것이 중요하다.

마인드셋(Mindset)은 개인이 상황이나 문제를 대하는 사고방식과 태도를 의미한다. 긍정적이고 유연한 마인드 셋은 도전과 변화를 기회로 바라보게 하며, 지속적인 성장을 이끌어낸다. 반면, 고정된 사고방식은 발전을 저해하여 새로운 가능성을 발견하기 어렵게 만든다.

핵심 정리

◎ 창업 초기 비용뿐만 아니라 운영자금과 비상자금을 확보한다.

◎ 하루 12시간 이상 노동을 감당하며 다양한 역할을 수행한다.

◎ 매출 압박, 고객 응대, 사업 운영 문제 등 다양한 스트레스를 관리한다.

05

가족과 함께
창업을 해도 괜찮을까?

· · · · · ·

재정 문제와 책임의 명확한 분배가 필요하다 ————

가족과 함께 창업하는 것은 신뢰할 수 있는 파트너와 시작할 수 있다는 점에서 매력적이다. 그러나 가족이라는 이유로 감정이 개입되기 쉬우며, 역할과 책임이 모호해질 수 있어 신중한 접근이 필요하다.

가족과 함께 창업을 하면 초기 자금 확보가 비교적 수월하다. 부모가 자녀의 창업을 지원하거나 부부가 공동으로 투자하는 경우가 많다. 하지만 가족 간의 금전 거래가 명확한 기준 없이 이루어지면 나중에 큰 갈등의 원인이 된다.

또한 수익을 어떻게 나눌 것인지, 손실이 발생했을 때 어떻게 감당할 것인지에 대한 합의가 없다면 문제가 발생할 가능성이 크다. 따라서 창업 전부터 자금 조달 방식과 투자 비율, 수익 배분 기준을 문서로 명확히 정리해야 한다.

가족이라도 사업 자금과 개인 자금은 철저히 분리해야 한다. 사업이 어려워졌을 때 가족의 개인 재산까지 손실을 보게 되면 관계가 급격히 악화될 가능성이 크다. 따라서 명확한 회계 시스템을 갖추고 수익과 비용을 투명하게 관리해야 한다.

역할과 책임이 명확하지 않으면 갈등이 발생한다 ————

가족 창업에서 흔히 발생하는 문제는 역할이 불분명해지는 것이다. 일반적인 동업 관계에서는 계약을 통해 역할과 책임을 명확히 구분하지만, 가족은 이런 과정 없이 시작하는 경우가 많다.

업무가 균등하게 분배되지 않으면 갈등이 커질 수 있다. 부부가 함께 창업했는데 한 사람이 모든 의사 결정을 독단적으로 내리거나 특정한 가족 구성원이 업무를 떠맡게 되면 불만이 쌓이게 된다. 이를 방지하기 위해 창업 초기에 역할을 구체적으로 나누고, 서로의 책임 범위를 명확히 정해야 한다.

가족이라 하더라도 사업 운영 방식에 대한 의견 차이가 발생한다. 부모와 자녀가 함께 운영하는 경우, 부모는 기존의 방식을 고수하려 하고, 자녀는 새로운 기술과 마케팅 방식을 도입하려 할 수 있다. 이러한 차이를 줄이기 위해서는 정기적인 회의를 통해 서로의 의견을 조율하는 과정이 필요하다.

서로의 역할과 권한을 명확히 정하고, 가족 간 신뢰를 바탕으로 한 소통과 유연한 태도는 장기적인 사업 안정성에도 긍정적인 영향을 준다.

사업과 가족 관계를 유지하는 방법

가족과 창업을 할 때는 사업과 가족 관계를 분리하는 것이 중요하다. 감정적으로 얽히지 않도록 사업 운영과 관련된 의사 결정은 가족적 감정이 아닌 논리적인 기준으로 판단해야 한다.

업무 시간과 개인 시간을 명확하게 구분하는 것도 중요하다. 가족 사업에서 일과 사생활의 경계가 무너져 스트레스가 쌓이고 갈등이 커지는 경우가 많다. 업무 관련 논의는 가급적이면 정해진 시간에 하고, 가족 모임에서는 사업 이야기를 하지 않는 것이 좋다.

가족 창업을 할 때는 외부 전문가의 조언을 적극 활용하는 것도 좋은 방법이다. 사업 운영에서 발생하는 문제를 객관적으로 해결하기 위해 컨설턴트나 세무사의 도움을 받는다. 가족 내에서 해결하기 어려운 문제가 발생하면 제 3자의 의견을 수렴하는 것이 감정적 충돌을 방지하는 데 도움이 된다.

핵심 정리

- 가족과 창업하면 신뢰를 바탕으로 협업이 가능하지만, 금전 문제와 역할 분배의 모호함으로 갈등이 발생할 가능성이 크다.
- 사업 자금과 개인 자금을 철저히 구분하고, 수익 배분 및 재정 운영 원칙을 사전에 정한다.
- 업무 역할을 명확하게 나누고, 사업 운영과 가족 관계를 분리한다.
- 정기적인 회의와 외부 전문가의 조언을 활용해 객관적인 의사 결정을 한다.

06

창업 후 꾸준한
성장을 위한 마인드셋

· · · · · ·

장기적인 비전과 목표 설정 ─────────────

성공한 사업가는 단기적인 이익에만 집중하지 않는다. 창업 초기에는
생존이 가장 중요한 과제이지만, 장기적으로는 사업이 어디로 향할 것
인지에 대한 분명한 목표와 비전이 있어야 한다.

구체적인 목표가 없다면 사업이 방향성을 잃기 쉽다. 하지만 '1년 후
월 매출 1천만 원 달성'과 같은 명확한 목표를 설정하면 이에 맞춰 전략
을 세우고 실행할 수 있다. 단기 목표와 장기 목표를 구분하여 설정하
고, 이를 주기적으로 점검하는 것이 중요하다.

비전이 명확하고 구체적인 창업자는 어려움이 닥쳐도 쉽게 흔들리
지 않는다. 고객이 예상보다 적거나 예상치 못한 비용이 발생하더라도
장기적인 목표가 있으면 이를 극복하고 지속해서 성장할 수 있는 힘을
갖게 된다.

지속적인 학습과 자기계발

사업 환경은 빠르게 변화하며, 특히 기술과 소비자의 트렌드는 빠른 속도로 바뀐다. 창업자가 끊임없이 배우지 않으면 시장 변화에 뒤처질 수밖에 없다. 따라서 창업자에게는 꾸준한 학습과 자기계발이 필수이다.

성공한 창업자들은 업계 동향을 빠르게 파악하고, 새로운 기술과 전략을 적극적으로 도입한다. 예를 들어 오프라인 매장을 운영하는 소상공인이 온라인 마케팅을 배우고 활용하면 고객층을 확대할 수 있다.

네트워크를 확장하는 것도 중요한 학습 방법 중 하나다. 다른 창업자들과 교류하면서 다양한 경험을 공유하고 배우는 것은 사업 성장에 큰 도움이 된다. 세미나, 창업 지원 프로그램, 온라인 강의를 적극적으로 활용하여 자신의 역량을 지속적으로 강화해야 한다.

변화에 유연하게 대응하는 사고방식

사업 환경은 예측할 수 없는 변수로 가득하다. 예상치 못한 시장 변화나 경제 위기, 경쟁업체의 등장 등으로 인해 초기 계획이 무용지물이 될 수 있다. 이럴 때 창업자는 유연하게 사고하고 빠르게 대처할 수 있는 능력을 갖춰야 한다.

사업 운영에서 저지르는 흔한 실수 중 하나는 한 가지 방식만 고수하는 것이다. 예를 들어 한 가지 제품만 판매하는 가게가 시장 변화로 인해 매출이 감소하면, 새로운 제품을 추가하거나 판매 방식을 변경하는 유연성이 필요하다.

고객의 피드백을 적극적으로 반영하는 것도 중요하다. 고객의 요구가 변화하면 이를 빠르게 수용하고 제품이나 서비스를 개선해야 한다. 변화에 대한 두려움을 줄이고, 새로운 시도를 할 수 있는 용기가 있을 때 사업은 지속적으로 성장할 수 있다.

핵심 정리

◉ 장기적인 비전과 목표를 설정하고 이를 지속적으로 점검한다.

◉ 끊임없는 학습과 자기계발을 통해 시장 변화에 대응하는 능력을 키운다.

◉ 변화에 유연하게 대응하며, 새로운 시도와 도전을 두려워하지 않는다.

07

창업자의 정신 건강과
스트레스 관리 방법

. . . . . .

스트레스 요인을 이해하고 관리하기 ────────

창업은 기대와 설렘을 안겨주지만 동시에 극심한 스트레스와 불안감을 동반한다. 창업 초기에는 자금 부족과 매출 불확실성이 가장 큰 부담이 된다. 사업이 성장하면서는 고객 불만 처리, 직원 관리, 경쟁사의 움직임 등 새로운 스트레스가 추가된다.

스트레스 관리를 위해 중요한 것은 자신이 어떤 요인에 가장 큰 스트레스를 받는지 명확히 아는 것이다. 이를 위해 매일 자신의 감정을 기록하거나 특정 순간에 느끼는 불안의 원인을 분석해야 한다.

스트레스를 해소하는 방법도 찾아야 한다. 운동, 명상, 취미 생활 등 자신만의 리프레시 방법으로 스트레스를 관리해야 한다. 특히 운동은 정신 건강에 긍정적인 영향을 미치면서 스트레스를 효과적으로 해소하는 데 도움을 준다.

사업과 개인 생활의 균형 맞추기 ──────

창업자는 사업에 모든 것을 쏟아붓지만, 오히려 과도한 몰입은 번아웃을 초래할 수 있다. 번아웃(Burnout)은 지속적인 스트레스와 과로로 인해 신체적, 정신적 에너지가 고갈되는 상태를 말한다. 주로 업무나 학업 등에서 지나치게 몰입하다가 무기력감, 감정 소진, 의욕 상실 등을 겪게 된다. 이를 예방하려면 적절한 휴식과 스트레스 관리가 필요하다.

사업과 개인 생활의 균형을 맞추는 것이 장기적으로 성공적인 창업을 위한 중요한 밑바탕이 된다. 이를 위해 업무 시간과 휴식 시간을 명확히 구분하는 것이 중요하다. 하루의 일정 중 특정 시간은 반드시 가족과 함께 보내거나 창업자 자신만의 취미 활동을 하는 시간으로 정해 두어야 한다.

창업자는 자신만을 위한 시간을 가질 필요가 있다. 많은 창업자가 고객과 직원에게는 신경을 쓰지만, 정작 자신을 돌보는 데에는 소홀해진다. 정기적인 휴식과 재충전 시간을 확보해야 오랫동안 사업을 유지할 수 있다.

창업자 자신의 몸과 마음이 지쳐 있으면 판단력과 업무 집중력이 떨어져 사업에도 부정적인 영향을 준다. 따라서 창업자 스스로 건강과 삶의 질을 관리하는 것도 하나의 중요한 경영 전략으로 인식해야 한다.

지속적인 멘탈 관리와 지원 시스템 구축하기

창업은 외로운 길이 될 수 있다. 주변에 이해해줄 사람이 없으면 스트레스가 더 커진다. 이럴 때는 멘토를 찾거나 창업자 네트워크를 활용하는 것이 도움이 된다.

창업 관련 커뮤니티, 멘토링 프로그램, 같은 업종의 창업자 모임에 적극적으로 참여하면 혼자만의 고민을 줄이고 실질적인 조언을 받을 수 있다. 서로의 경험을 공유하며 해결책을 찾는 과정은 정신적 지지를 받을 수 있는 중요한 요소가 된다.

심리 상담을 받는 것도 좋은 선택이다. 많은 성공한 창업자들이 비즈니스뿐만 아니라 심리적 문제를 해결하기 위해 전문가의 도움을 받는다. 감정을 억누르는 것이 아니라 건강하게 표현하고 관리하는 것이 장기적으로 더 나은 성과를 만든다.

핵심 정리

◉ 스트레스 요인을 정확히 파악하고 해소 방법을 실천한다.

◉ 사업과 개인 생활의 균형을 유지하여 번아웃을 예방한다.

◉ 멘토와 창업 네트워크를 활용하여 정신적 지원 시스템을 구축한다.

08

창업이 내 삶에
미치는 영향

· · · · · ·

개인 시간과 생활 패턴의 변화 ─────────

창업은 단순한 직업 선택이 아니라 개인의 삶 전체에 큰 영향을 미치는 결정이다. 경제적 측면뿐만 아니라 가족 관계, 개인 시간, 정신 건강 등 여러 요소에 변화를 가져온다. 창업을 준비하는 사람이라면 사업이 자신의 삶에 미칠 영향을 미리 파악하고 대비해야 한다.

창업을 하면 자신의 시간을 스스로 관리할 수 있다는 장점이 있지만, 실제로는 더 많은 시간을 사업에 투자해야 하는 경우가 대부분이다. 초창기에는 업무 시간이 불규칙해지고, 주말이나 휴일에도 일해야 할 수도 있다.

특히 매출이 안정되지 않은 초기에는 하루 종일 사업 운영에 집중해야 하는 경우가 많아 개인적인 시간을 갖기 어렵다. 기존의 직장 생활과 달리 업무와 개인 생활의 경계가 흐려질 수 있으며, 이를 잘 조율하지 않으면 피로와 스트레스가 누적된다.

따라서 창업을 하면서도 일정한 생활 패턴을 유지하는 것이 중요하다. 업무 시간을 정하고, 개인적인 휴식 시간도 확보해야 장기적으로 지속 가능한 창업이 가능하다.

가족과 인간관계의 변화

창업은 가족과의 관계에도 영향을 미친다. 사업에 몰두하다 보면 가족과 함께하는 시간이 줄어들고, 경제적인 부담이 커지면서 배우자나 부모, 친구들과의 갈등이 생길 수도 있다.

특히 가족의 지지 없이 창업을 진행할 경우라면 심리적인 부담이 더 커진다. 가족과 충분한 대화를 나누고, 창업에 대한 현실적인 부분을 공유하는 것이 중요하다. 가족이 창업 과정에 함께 참여할 수 있도록 하거나 정기적으로 대화 시간을 갖는 것이 필요하다.

창업자 네트워크나 모임을 활용하는 것도 좋은 방법이다. 같은 고민을 나누고 조언을 받을 수 있는 동료 창업자를 만나면 정신적 스트레스를 줄이는 데 도움이 된다.

정신적 압박과 성장의 기회

창업은 큰 성취감을 줄 수 있지만, 동시에 책임과 압박감이 커지는 과정이기도 하다. 모든 의사 결정을 스스로 내려야 하고, 그에 따른 결과도 온전히 자신이 감당해야 한다.

매출이 예상보다 낮거나 고객 불만이 발생하면 심리적인 스트레스가 커진다. 하지만 이러한 과정을 거치면서 창업자는 문제 해결 능력과 의사 결정력을 키울 수 있다. 도전과 실패를 경험하면서 더욱 강한 정신력과 유연한 사고를 얻게 된다.

창업이 개인의 성장에 긍정적인 영향을 미칠 수 있도록 스스로 다독이고 동기 부여를 할 수 있는 방법을 찾자. 목표를 세우고 성취감을 느낄 수 있는 작은 성공을 경험하는 것이 장기적인 사업 유지에 도움이 된다.

핵심 정리

◎ 창업 후 개인 시간과 생활 패턴이 변화할 수 있으므로 일정한 균형을 유지한다.

◎ 가족과의 관계에도 영향을 미치므로 충분한 대화를 통해 갈등을 예방한다.

◎ 정신적 압박이 클 수 있지만 이를 성장의 기회로 삼아 문제 해결 능력을 키운다.

09

창업을 지속하기 위해
반드시 필요한 태도

· · · · · ·

끊임없이 배우고 적응하는 자세 ─────

창업은 단순히 좋은 아이템이나 자본이 많다고 해서 성공하는 것이 아니다. 오랫동안 사업을 유지하고 성장시키려면 창업자가 가져야 할 태도와 마인드셋이 중요하다.

창업 초기의 열정은 높지만 시간이 지나면서 현실적인 어려움에 부딪혀 포기하는 창업자가 많다. 창업을 지속하기 위해 필요한 태도를 익히고, 이를 실천하는 것이 장기적인 성공을 좌우한다.

시장은 빠르게 변화하며 고객의 니즈도 계속 달라진다. 따라서 창업자는 배움을 멈추지 않고 새로운 트렌드를 파악하면서 원활한 운영과 경영 전략을 위해 꾸준히 노력해야 한다.

사업을 운영하다 보면 예상치 못한 문제가 발생한다. 이때 기존의 방식에 집착하지 않고 유연하게 대응하는 것이 중요하다. 변화를 두려

위하지 않고 새로운 기회를 찾는 태도가 장기적으로 창업을 유지하는 핵심 요소가 된다.

독서, 세미나 참석, 창업자 네트워크 활용 등을 통해 지속적으로 배우고 성장하려는 노력이 필요하다. 경쟁업체가 어떤 전략을 사용하는지 조사하고, 시장에서 어떤 변화가 일어나고 있는지 관심을 가지는 것이 사업을 지속하는 데 큰 도움이 된다.

실패를 성장의 기회로 삼는 태도

모든 창업이 처음부터 성공하는 것은 아니다. 예상했던 매출이 나오지 않거나 계획했던 마케팅 전략이 효과가 없을 수도 있다. 하지만 이러한 실패를 좌절이 아닌 배움의 기회로 삼아야 한다.

성공한 창업자들은 실패를 통해 더 강한 비즈니스 모델을 구축한다. 실패의 원인을 분석하고 같은 실수를 반복하지 않는 것이 핵심이다. 실패를 두려워하지 않고, 오히려 실패를 통해 더 나은 방향으로 나아가려는 태도가 중요한 것이다.

창업자들은 감정적으로 쉽게 흔들릴 수 있다. 하지만 실패가 개인의 능력을 증명하는 것이 아니라 하나의 과정임을 인식해야 한다. 한 번의 실패가 끝이 아니라 성장의 과정이라는 인식을 가지는 것이 창업을 지속할 수 있는 원동력이 된다. 실패를 단순한 좌절이 아닌 소중한 교훈으로 전환할 수 있다면, 그것은 향후 더 나은 판단과 전략 수립에 큰 도움이 되는 창업자의 자산이자 경쟁력이 된다.

끈기와 꾸준함이 가장 큰 무기

창업 초기에는 기대했던 만큼의 성과가 나오지 않을 수 있다. 많은 창업자가 초기 단계에서 포기하는데, 성공하는 창업자들은 어려운 시기를 버티고 끈기 있게 사업을 이어 간다.

사업이 성장하는 데에는 시간이 필요하다. 단기적인 결과에만 집착하기보다는 장기적인 목표를 설정하고 꾸준히 실행하는 것이 중요하다.

고객과의 신뢰를 쌓는 데에도 시간이 걸린다. 단골고객이 생기고 브랜드가 자리 잡기까지는 지속적인 노력이 필요하다. 작은 성과라도 꾸준히 쌓아가면서 한 걸음씩 나아가는 태도가 창업을 지속하는 가장 중요한 무기이다.

핵심 정리

◎ 끊임없이 배우고 변화에 적응하는 자세가 필요하다.

◎ 실패를 성장의 기회로 삼고 다시 도전하는 태도가 중요하다.

◎ 끈기와 꾸준함이 창업을 지속하는 가장 강력한 무기이다.

10

창업을 하면서
즐거움을 찾는 방법

· · · · · ·

일의 의미 찾고 작은 성취 즐기기 ─────

창업은 단순히 돈을 벌기 위한 수단이 아니라 자신이 원하는 삶을 설계하고 가치를 창출하는 과정이다. 하지만 현실적으로 창업 과정은 스트레스와 불안이 크고, 예상보다 힘든 순간이 많다. 그렇다면 어떻게 하면 창업을 하면서도 즐거움을 찾을 수 있을까?

창업을 시작하면서 단순히 돈을 버는 것만을 목표로 삼으면 금방 지친다. 자신이 하는 일에서 의미를 찾고, '왜 이 사업을 시작했는가'를 계속 되새기는 것이 중요하다.

예를 들어 단순히 카페를 운영하는 것이 아니라 '고객들에게 따뜻한 휴식을 제공한다'라는 목표를 가지면 일에 대한 동기 부여가 된다. 창업을 하면서 얻을 수 있는 경험과 배움, 고객과의 소통, 제품이나 서비스가 사람들에게 도움이 된다는 점을 생각하면 동기 부여가 유지된다.

작은 성취를 기뻐하는 태도도 필요하다. 초기 고객을 확보했을 때, 매출이 꾸준히 오를 때, 고객의 긍정적인 피드백을 받을 때 등 작은 성공을 스스로 인정하고 즐길 줄 알아야 창업의 과정이 즐거워진다.

지나친 완벽주의 버리고 유연한 사고 가지기

많은 창업자가 초기에 모든 것을 완벽하게 하려다 스트레스에 시달린다. 하지만 사업은 한번에 완벽해질 수 없다. 시행착오를 거치면서 발전하는 것이 창업의 본질이다.

완벽주의에 집착하면 작은 실수에도 크게 흔들리게 된다. 사업 운영 과정에서 예상치 못한 문제가 생기는 것은 당연한 일이다. 모든 문제를 다 해결하려는 부담을 줄이고, 해결 가능한 부분에 집중해야 한다.

창업을 즐기려면 유연한 사고가 필요하다. 처음 계획했던 대로 사업이 진행되지 않을 수도 있다. 하지만 새로운 기회를 발견하고 변화에 적응하는 능력이 있다면 창업 과정 자체를 즐길 수 있다.

좋은 사람들과 함께하며 동기 부여하기

창업은 혼자 하는 것이 아니라 사람들과 함께하는 과정이다. 직원, 고객, 창업 네트워크 등 주변의 사람들과 긍정적인 관계를 유지하면 사업이 훨씬 즐거워진다.

비슷한 고민을 하는 창업자들과 교류하는 것도 즐거운 사업 영위에 도움이 된다. 창업 네트워크를 활용하면, 서로의 경험을 공유하고 조언을 주고받으면서 어려운 순간에 서로 격려하고 힘을 얻을 수 있다.

고객과의 관계도 중요한 요소다. 단순 제품 판매가 아닌 고객과의 소통을 즐기고, 그들에게 가치를 제공하는 과정에서 보람을 찾을 수 있다. 고객의 만족도가 높아질수록 사업에 대한 애정도 커질 것이다.

핵심 정리

- ⚜ 자신이 하는 일의 의미를 찾으며 작은 성취를 즐기는 태도가 중요하다.
- ⚜ 완벽주의를 버리고 유연한 사고를 지니면 창업이 더 즐거워진다.
- ⚜ 좋은 사람들과 함께하면서 고객과의 소통을 통해 동기 부여를 한다.

예비 창업자를 위한 조언 ·······················

❶ 고객의 말에 귀 기울이고, 시장의 반응에 민감하라.
  - 창업의 출발점은 언제나 '고객'이다.

❷ 크게 보되, 작게 시작하라.
  - 현실을 직시하고 한 걸음씩 나아가라.

❸ 좋은 파트너는 최고의 전략이다.
  - 혼자보다 함께할 때 더 멀리 갈 수 있다.

❹ 작은 성공부터 쌓아라.
  - 신뢰는 작은 성과에서부터 시작된다.

❺ 집중, 또 집중하라.
  - 분산된 에너지보다 날카로운 집중력이 성패를 가른다.

외식업 창업자에게 꼭 필요한 5가지 ··············

❶ 기회보다 준비가 먼저다.

　"장사는 타이밍이 아니라 준비가 돼 있어야 한다."

❷ 고객이 다시 오게 만들어야 산다.

　"돈 벌 생각보다 어떻게 하면 손님이 한 번 더 올까를 고민해야 한다."

❸ '내가 먹고 싶은 것'이 아니라 '고객이 원하는 것'이다.

　"내가 먹고 싶은 걸 팔지 말고, 손님이 먹고 싶은 걸 팔아라."

❹ 가성비보다 '납득할 만한 가격'이 중요하다.

　"무조건 싸다고 장사가 잘되는 게 아니다."

❺ 장사는 단거리 경주가 아닌 마라톤이다.

　"기본을 지키는 게 가장 어렵지만, 결국 기본이 답이다."

성공하는 외식업 운영 노하우 ····················

❶ 청결 유지 _ 신뢰의 시작

청결은 기본 중의 기본이다. 청결 관리가 제대로 되지 않으면 식품 안전 문제로 이어진다.

❷ 불편 사항 즉시 개선 _ 고객 만족의 핵심

작은 문제라도 고객이 불편함을 느꼈다면 즉각 개선해야 한다. 고객의 의견을 적극적으로 수집하고 개선점을 반영하는 자세가 필요하다.

❸ 운영 시간 철저 준수 _ 신뢰를 지키는 약속

운영 시간은 고객과의 약속이다. 외식업에서는 영업 시간이 일정하지 않으면 단골을 잃기 쉽다.

❹ 서비스 매뉴얼 확립 _ 일관된 고객 응대

인사, 주문 접수, 클레임 처리 등 상황별로 응대 방식을 표준화하여 매뉴얼로 만들고, 정기적으로 교육하여 서비스 품질을 유지해야 한다.

❺ 메뉴와 가격의 일관성 _ 변함없는 품질 관리

메뉴와 가격이 자주 바뀌면 고객은 혼란을 느끼고 신뢰를 잃게 된다. 일관성 있는 메뉴 구성은 단골 확보에 중요한 요소이다.

소상공인이 창업 전에 도움받을 수 있는 곳 ·········

소상공인시장진흥공단 (SEMAS)	소상공인 육성, 전통시장·상점가 지원 및 상권 활성화를 위해 설립된 준정부기관
	▶ 지원 내용: 창업 교육, 경영 컨설팅, 백년소상공인육성사업, 온라인 판로지원사업 등
중소벤처기업부 (SMBA)	중소기업과 소상공인의 창업 및 경영 지원을 총괄하는 정부 부처
	▶ 지원 내용: 창업 자금 지원, 창업 아이디어 경진 대회, 법률 자문, 초기창업패키지, 창업도약패키지 등
창업진흥원 (KISED)	창업 준비부터 성장 단계까지 다양한 지원을 하는 전문 기관
	▶ 지원 내용: 창업 교육, 멘토링, 창업 공간 제공, 창업 경진 대회, 창업성공패키지, 청년 창업 지원 프로그램 등
대한상공회의소 (KCCI)	상공업계를 대표하는 경제 단체로, 창업과 관련된 법률과 경영 교육 제공
	▶ 지원 내용: 창업 자문, 세무 교육, 경영 교육, 창업 아카데미, 법률 및 세무 상담 서비스 등
소상공인연합회 (KFME)	소상공인의 권익 보호와 경영 지원을 목적으로 하는 협회
	▶ 지원 내용: 소상공인 지원 정책 정보 제공, 경영 개선 지원, 정책 참여 활동, 창업 관련 세미나 및 워크숍 등
신용보증기금 (KODIT)	창업 초기 자금 마련에 어려움을 겪는 소상공인에게 신용 보증 제공
	▶ 지원 내용: 창업 자금 보증, 경영 컨설팅, 창업 기업 보증 지원 프로그램 등
청년창업사관학교 (KOSME)	청년 창업자들을 위해 창업 교육과 창업 공간을 제공하는 교육기관
	▶ 지원 내용: 창업 아이디어 발굴, 사업화 지원, 투자 유치 교육, 창업 사관학교 교육과정, 창업 기업 지원 프로그램 등
창업지원포털 (K-Startup)	소상공인과 예비 창업자들에게 다양한 정보를 제공하는 온라인 포털
	▶ 지원 내용: 창업 뉴스, 성공 사례, 지원 정책 안내, 창업 정보 공유 커뮤니티 등
여성 기업 종합정보 포털 (Wbiz)	여성 기업인들을 위한 다양한 창업 정보를 제공하는 포털
	▶ 지원 내용: 창업 자금, 창업보육센터, 공공구매 판로지원, 여성창업경진대회 등

※ 기타 지방자치단체 창업지원센터: 각 지차체에서 지역별로 특화된 창업 지원 프로그램 운영
서울경제진흥원 / 경기도경제과학진흥원 / 강원특별자치도 경제통상진흥원 / 세종일자리경제진흥원 / 대전일자리경제진흥원 / 충남경제진흥원 / 충청북도기업진흥원 / 광주경제진흥상생일자리재단 / 전북특별자치도 경제통상진흥원 / 전라남도 중소기업 일자리 경제진흥원 / 창조경제혁신센터 / 경상북도 경제진흥원 / 부산경제진흥원 / 경남투자 경제진흥원 / 제주특별자치도 경제통상진흥원 등